¡Ya verás! GOLD

Nivel 1

Video Guide, Videoscript, and Activities

HH **Heinle & Heinle Publishers**
An International Thomson Publishing Company
ITP Boston, MA • 02116 • U.S.A.

CONTENTS

INTRODUCTION

The *¡Ya verás! Gold, **Nivel 1,*** Video Guide is the companion to the *¡Ya verás! Gold, **Nivel 1,*** Video Program. It contains three parts: the transcripts of the twenty-four video modules, video activities for each module, and the answer key to video activities with discrete responses. To facilitate using the video program in your Spanish classes, you may photocopy selected or all parts of the Video Guide for use with your students.

The Video Program provides a module for each of the eighteen chapters in the student text. Each of these modules features dramatic scenes and/or interviews with native speakers from diverse age groups and walk of life that recycle and expand on the theme and language presented in the student text.

The chapter modules begin with a brief introduction accompanied by a collage of images related to the theme that will be explored. The **Objetivos** section then lists on-screen objectives geared both to content and to listening skills. The **Cultura** section expands on the module theme, providing background information and often an interview in which a native speaker sheds light on the topic. The next section, **Vocabulario esencial,** introduces on-screen vocabulary key to the upcoming footage accompanied by the video interchanges in which the words and/or expressions will occur later in the module. The **Vamos a escuchar** section then provides listening skills and strategies instruction before closing with the first showing of the scripted dramatic scenes and/or authentic interviews. Finally, the **Escuchemos otra vez** section gives students the opportunity to view the scenes and/or interviews a second time, guided by on-screen questions on which to focus their attention as they listen and watch.

The Video Program also provides a module for each of the six units in the student text. Entitled **Vistas,** these modules zoom in on a country or city in the United States showcased in the corresponding **Vistas** section in the student text. The captivating images enable students to experience directly everyday life, cities, towns, monuments, and breathtaking geographical panoramas throughout the Hispanic world. The accompanying specially-scripted narratives purposely reuse and reinforce previously taught vocabulary and grammar to heighten students' enjoyment of and success with the segments.

The video activities for each chapter and unit module provide students with complete support for each video module through pre-viewing, viewing, and post-viewing activities. The chapter-level activities take students through every section of each video module, while the unit-level activities move from **Preparación** to **Observación** to **Comprensión.** All of the activities focus on main ideas, key details, and specific images seen, with an emphasis on meaningful and interesting cultural information conveyed. Among the varied types of activities included are checking off images seen and/or actions performed, sequencing images and actions, matching, true/false, multiple choice, analogies, sentence completions, confirming pre-viewing predictions, answering questions asked in the modules, and answering personalized questions.

VIDEOSCRIPT

Capítulo 1 Vamos al café

Narrator: What are you reminded of when you think of the word **café?** Do you go to cafés with your friends after classes or during a school break? Do your parents or grandparents go to cafés? If so, when? How often do we go to cafés? In both Mexico and Spain, young and older people alike enjoy relaxing in cafés with friends and colleagues all year long. These cafés may be indoors or outdoors, large or small, and they serve many kinds of foods and beverages.

done regularly, especially in outdoor cafés, if the climate permits. Mexico, for example, has many outdoor cafés because of its year-round warm climate. Spain, on the other hand, is cold in the winter, so people socialize in restaurants during the colder seasons and in outdoor cafés during the spring and summer. During the warm months, the interior of the famous **Plaza Mayor** in Madrid is lined with café umbrellas and bustles with activity.

Objetivos

- What significance cafés have in the Spanish-speaking world
- Who goes to cafés
- Why and when people go to cafés

Narrator: In this first chapter of the video, you will fine tune your listening skills and use your powers of observation to help you learn the significance of cafés in the Spanish-speaking world: who goes to cafés, and why and when people go to cafés.

La cultura

Narrator: Let's take a closer look at cafés in the Spanish-speaking world. This young woman and her friends are enjoying coffee, soda, and some snacks at a café in Mexico. They're meeting outdoors in the fresh air to relax and chat and catch up on the latest news. This is very common in the Spanish-speaking world. Meeting in public to socialize during the afternoon is

El vocabulario esencial

Narrator: Now let's take a look at some new words and phrases that you're going to hear in the video segment.

- **al aire libre** *fresh air*
Elisabeth: Me gusta venir así *al aire libre*.
- **platicar** *to chat*
Elisabeth: Tratamos de reunirnos para poder *platicar*.
- **un refresco** *a cold drink*
Elisabeth: Eh, sólo *un refresco* o alguna otra cosa.

Vamos a escuchar

- Identify key words and expressions that you already know.
- Use key words and expressions to help you understand the conversation.

Narrator: Let's move on to the very important skill of listening for key words and expressions. Learning to be a good listener is important in all areas of life. When we first begin our study of languages, we discover that listening is one of the *most* important skills of all. By listening for key words and expressions, we can better understand what's being said. This can allow us to make inferences, or draw conclusions, about what's happening. To help you get started, here are some key words and expressions for you to listen for in the first part of the video segment.

- Key words and expressions

  ¿Cuál es tu nombre?
  Te gusta
  Me gusta
  Y, ¿por qué?
  Muy bien

Narrator: Next, let's watch the first part of the video segment, an interview with Elisabeth. Listen carefully for the key words and expressions that you just saw. They will help you understand why Elisabeth goes to cafés.

Entrevistadora: Buenas tardes. ¿Cuál es tu nombre?

Elisabeth: Elisabeth Pérez.

Entrevistadora: Elisabeth, ¿qué haces ahorita aquí?

Elisabeth: Pues, lo que pasa es que teníamos tiempo que no nos veíamos y tratamos de reunirnos para poder platicar.

Entrevistadora: Ajá, y ¿tomas algún cafecito o qué tomas para ver a tus amigos, algo de comida?

Elisabeth: Eh, sólo un refresco o alguna otra cosa.

Entrevistadora: ¿Te gusta venir a lugares así? Abiertos, cerrados...

Elisabeth: Me gusta venir así al aire libre.

Entrevistadora: Y ¿por qué?

Elisabeth: Porque se siente más fresco, es más... no sé, me gusta mucho el aire de la tarde.

Entrevistadora: Muy bien.

Narrator: Were you able to hear some of the key words and expressions? Now let's take a look at some more key words and expressions before viewing the rest of the video segment.

- Key words

  aquí
  trabajas
  estudiar
  Muchas gracias

Narrator: Let's see what Mario and Mónica have to say.

Entrevistadora: ¿Cuál es tu nombre?

Mario: Mario Jiménez.

Entrevistadora: Y ¿qué haces aquí?

Mario: Trabajo aquí.

Entrevistadora: ¿Trabajas aquí?

Mario: Trabajo aquí.

Entrevistadora: ¿Por qué te gusta trabajar aquí?

Mario: Pues es un ambiente padre, son chavos, son... jóvenes, todos somos jóvenes. Se conoce, se relaciona mucho con gente de otros países. Ellas son mis amigas de otras unidades. Entonces es un ambiente padre.

Entrevistadora: Umm... Y ¿desde cuándo trabajas aquí?

Mario: Bueno, en la empresa llevo nueve meses. Aquí llevo un mes.

Entrevistadora: Y ¿también estudias o
¿qué haces al no trabajar?

Mario: Estoy esperando entrar a la
universidad. Es una de las
ventajas de este tipo de trabajo,
es que nos dan chance de
estudiar.

❀   ❀   ❀   ❀   ❀   ❀

Entrevistadora: Muy bien. Y ¿cuál es tu
nombre?

Mónica: Mónica.

Entrevistadora: Mónica. Y ¿qué haces
aquí?

Mónica: Bueno, estoy visitando a mis
amigos que tenía tiempo que no
los veía.

Entrevistadora: ¿Acostumbras venir a
lugares así a ver a...

Mónica: Sí.

Entrevistadora: ¿Por qué?

Mónica: Pues, como dijo Elisabeth, son
lugares así al aire libre, como
ahorita hace mucho calor.

Entrevistadora: Y ¿qué pides cuando
vienes a ver a tus amigos?

Mónica: Un refresco o un café.

Entrevistadora: Perfecto. Muchas
gracias.

Escuchemos otra vez

Narrator: You've already learned a lot
about cafés. Now you're ready
to sit back and listen to the
entire video segment without
pauses. As you watch, keep the
following questions in mind:

- When do people usually meet in cafés?

- Why do people meet in cafés?
- What do people usually do in cafés?

Entrevistadora: Buenas tardes. ¿Cuál es
tu nombre?

Elisabeth: Elisabeth Pérez.

Entrevistadora: Elisabeth, ¿qué haces
ahorita aquí?

Elisabeth: Pues, lo que pasa es que teníamos tiempo que no nos veí-
amos y tratamos de reunirnos
para poder platicar.

Entrevistadora: Ajá, y ¿tomas algún
cafecito o qué tomas para ver a
tus amigos, algo de comida?

Elisabeth: Eh, sólo un refresco o alguna
otra cosa.

Entrevistadora: ¿Te gusta venir a lugares
así? Abiertos, cerrados...

Elisabeth: Me gusta venir así al aire libre.

Entrevistadora: Y ¿por qué?

Elisabeth: Porque se siente más fresco, es
más... no sé, me gusta mucho el
aire de la tarde.

Entrevistadora: Muy bien.

❀   ❀   ❀   ❀   ❀   ❀

Entrevistadora: ¿Cuál es tu nombre?

Mario: Mario Jiménez.

Entrevistadora: Y ¿qué haces aquí?

Mario: Trabajo aquí.

Entrevistadora: Trabajas aquí.

Mario: Trabajo aquí.

Entrevistadora: ¿Por qué te gusta
trabajar aquí?

Mario: Pues es un ambiente padre, son chavos, son... jóvenes, todos somos jóvenes. Se conoce, se relaciona mucho con gente de otros países. Ellas son mis amigas de otras unidades. Entonces es un ambiente padre.

Entrevistadora: Ummm... Y ¿desde cuándo trabajas aquí?

Mario: Bueno, en la empresa llevo nueve meses. Aquí llevo un mes.

Entrevistadora: Y ¿también estudias o qué haces al no trabajar?

Mario: Estoy esperando entrar a la universidad. Es una de las ventajas de este tipo de trabajo, es que nos dan chance de estudiar.

❁ ❁ ❁ ❁ ❁ ❁

Entrevistadora: Muy bien. Y ¿cuál es tu nombre?

Mónica: Mónica.

Entrevistadora: Mónica. Y ¿qué haces aquí?

Mónica: Bueno, estoy visitando a mis amigos que tenía tiempo que no los veía.

Entrevistadora: ¿Acostumbras venir a lugares así a ver a...

Mónica: Sí.

Entrevistadora: ¿Por qué?

Mónica: Pues, como dijo Elisabeth, son lugares así al aire libre, como ahorita hace mucho calor.

Entrevistadora: Y ¿qué pides cuando vienes a ver a tus amigos?

Mónica: Un refresco o un café.

Entrevistadora: Perfecto. Muchas gracias.

• Fin de Capítulo 1

Capítulo 2 ¡Vamos a un bar de tapas!

Narrator: Have you ever been to an outdoor café to have a snack and a cold drink? In Spain, this is part of the daily routine for people of all ages. In fact, it's so common that there's a verb to describe the activity: **tapear.** It means, to go out and have **tapas.** What are **tapas?**

Miguel: ¡Vamos a ver!

Narrator: In this video segment, you're going to visit a typical **tapas** bar in Madrid with Miguel and some of his friends. Listen as Miguel describes when and why he goes out to have **tapas.** Also observe closely the conversation with his friends, what they order, and how they greet each other.

Objetivos

- Who goes to **tapas** bars
- How to greet friends
- What kinds of **tapas** there are and how to order them

Narrator: In this particular scene, you're going to learn: who goes to **tapas** bars, how to greet friends, and what **tapas** there are, and how to order them. Before we begin, however, let's explore the tradition of **tapas** bars a bit more.

La cultura

Señora: [...] Pues, Madrid tiene fama de sus tapas.

Narrator: This woman is sitting at a **terraza** in the **Plaza Mayor** in Madrid. She's the owner of this café and proudly describes the custom of serving **tapas.** Aside from **terrazas,** another popular meeting place for many Spaniards is the **bar de tapas.** It's not uncommon to meet a friend in a **tapas** bar or a café before lunch, dinner, or during the work break for a cold drink, a cup of coffee, or a snack. These snacks are called **tapas. Tapas** are served in small portions called **pinchos** or **raciones.** There are many different kinds of **tapas.** Among some of the most popular are fried squid, olives, potato salad, octopus, and bite size pieces of sausage or cheese.

El vocabulario esencial

Narrator: Now let's take a look at some new words and phrases that you're going to hear in the video segment about **tapas** bars.

- **tráigame** *bring me*
Amiga: A mí *tráigame* uno de calamares.
- **la ensaladilla rusa** *potato salad*
Amigo A: Y a mí póngame una ensaladilla rusa.
- **pagar** *to pay for*
Miguel: Hoy invito yo, ¿eh?
Amiga: Vale.
Amigo A: Bueno. Como quieras.
Amiga: Si insistes.
Miguel: No, yo no insisto. Si quieres *pagar* tú, paga tú.
- **un pincho de tortilla** *a slice of Spanish omelette*
Miguel: Camarero, por favor.
Camarero: ¿Sí?
Miguel: Me va a traer una coca-cola y *un pincho de tortilla.*

- **la cuenta, por favor** *the check, please*

Miguel: La cuenta, por favor.

Vamos a escuchar

- Cognate

A word in one language that is identical or related to a word in another language, often with similar spelling and pronunciation.
- Identify the cognates.
- Use cognates to understand the main idea of a conversation.

Narrator: A cognate is a word in one language that is identical or related to a word in another language. These words are sometimes spelled alike and often have similar pronunciation. When we're learning a new language, it's useful to identify cognates as we listen to other people speak. This allows us to get the gist of a conversation that may at first seem very difficult to understand. Let's take a look at an example. The word *conversation* in English is similar in spelling and meaning to the Spanish word **conversación**. Listen again: *the conversation,* **la conversación.**

- **conversación**

Narrator: Keeping cognates in mind, let's listen to two more examples.

- **café**

Miguel: Aquí en Madrid hay muchos sitios para tomar un *café* o para comer algo.
- **bar favorito**

Miguel: Éste es mi *bar favorito* y siempre me encuentro con alguien conocido.

Narrator: Now watch the first part of the video segment. Listen carefully

for cognates to help you better understand Miguel.

Miguel: Después de las clases, siempre me gusta ir a tomar algo con los amigos. Aquí en Madrid hay muchos sitios para tomar un café o para comer algo. Sobre todo me gustan los bares de tapas. Hay los bares muy grandes y el servicio es muy rápido, y además, son muy baratos, sobre todo si tomas en la barra y no sentado. Éste es mi bar favorito y siempre me encuentro con alguien conocido. ¿Vamos a ver?

Narrator: Did you hear the cognates? Let's take a look at a few more cognates before watching Miguel and his friends in the **tapas** bar.

- Cognates

  coca-cola
  insistes
  patatas
  mayonesa

Narrator: As you watch the rest of the video segment, listen carefully for the cognates that you just saw.

Miguel: ¡Eh!

Amiga: Hola. ¿Qué pasa? ¿Qué tal?

Miguel: Muy bien.

Amigo A: ¿Qué tal?

Miguel: ¿Qué tal estamos?

Amiga: Ya ves… Comiendo un poco.

Amigo A y Amiga: Ya ves, tomando algo.

Miguel: ¿Habéis terminado ya?

Amigo A y Amiga: No.

Amigo A: Acabamos de empezar.

Miguel: Ajá, pues voy a pedir yo. Camarero, por favor.

Camarero: ¿Sí?

Miguel: Me va a traer una coca-cola y un pincho de tortilla y lo que quieran ellos.

Amiga: A mí tráigame una de calamares.

Amigo A: Y a mí también póngame una ensaladilla rusa.

Miguel: Hoy invito yo, ¿eh?

Amiga: Vale.

Amigo A: Bueno. Como quieras.

Amiga: Si insistes.

Miguel: No, yo no insisto. Si quieres pagar tú, paga tú.

Amigo A: No, no, lo que vosotros queráis. Y he pedido una ensaladilla rusa y, por cierto, no sé por qué se llama «rusa».

Miguel: Ah, yo tampoco. Pero creo que porque...

Amigo A: Hay de todo. Habéis pedido de todo hoy. Muy variado.

Amiga: Hombre, claro.

Camarero: La ensaladilla...

Miguel: No me gusta la ensaladilla.

Camarero: ¿Tortilla?

Amiga: Sí.

Miguel: Debe de ser porque tiene de todo. Tiene guisantes, tiene pimiento, tiene patatas, la mayonesa.

Amiga: No sé. No sé.

Amigo A: Oye, es un poquito tarde. ¿Si nos vamos?

Amiga: Sí, nos debemos ir ya.

Miguel: ¿Pide la cuenta?

Amigo A: Sí.

Miguel: Camarero, la cuenta, por favor. Hoy pago yo, ¿vale?

Amigo A: No, no, hoy pago yo.

Amiga: Sí, sí, que pague él.

❂　❂　❂　❂　❂　❂

Amigo B: Hola. ¿Qué tal estáis? ¿Qué tal, Miguel?

Miguel: Anda, hombre, ¿cómo estás Miguel?

Amiga: Bueno.

Amigo A: Hola, ¿dónde te has metido?

Amiga: Ya te estábamos esperando una hora.

Amigo B: Ya, es que lo siento. El autobús llegó tarde.

Amigo A: ¿No quieres tomar nada?

Amigo B: Sí. Por favor, camarero, me pone un café.

Escuchemos otra vez

Narrator: You've already learned a lot about **tapas.** Now you're ready to sit back and listen to the entire video segment. As you watch, keep the following questions in mind:

- What are some typical greetings between friends?
- How do you get a server's attention?

Miguel:	Después de las clases, siempre me gusta ir a tomar algo con los amigos. Aquí en Madrid hay muchos sitios para tomar un café o para comer algo. Sobre todo me gustan los bares de tapas. Hay los bares muy grandes y el servicio es muy rápido, y verá, son muy baratos, sobre todo si tomas en la barra y no sentado. Éste es mi bar favorito y siempre me encuentro con alguien conocido. ¿Vamos a ver?

❀   ❀   ❀   ❀   ❀   ❀

Miguel:	¡Eh!
Amiga:	Hola. ¿Qué pasa? ¿Qué tal?
Miguel:	Muy bien.
Amigo A:	¿Qué tal?
Miguel:	¿Qué tal estamos?
Amiga:	Ya ves... Comiendo un poco.
Amigo A y Amiga:	Ya ves, tomando algo.
Miguel:	¿Habéis terminado ya?
Amigo A y Amiga:	No.
Amigo A:	Acabamos de empezar.
Miguel:	Ajá, pues voy a pedir yo. Camarero, por favor.
Camarero:	¿Sí?
Miguel:	Me va a traer una coca-cola y un pincho de tortilla y lo que quieran ellos.
Amiga:	A mí tráigame una de calamares.
Amigo A:	Y a mí también póngame una ensaladilla rusa.
Miguel:	Hoy invito yo, ¿eh?

Amiga:	Vale.
Amigo A:	Bueno. Como quieras.
Amiga:	Si insistes.
Miguel:	No, yo no insisto. Si quieres pagar tú, paga tú.
Amigo A:	No, no, lo que vosotros queráis. Yo he pedido una ensaladilla rusa y, por cierto, no sé por qué se llama «rusa».
Miguel:	Ah, yo tampoco. Pero creo que porque...
Amigo A:	Hay de todo. Habéis pedido de todo hoy. Muy variado.
Amiga:	Hombre, claro.
Camarero:	La ensaladilla...
Miguel:	No me gusta la ensaladilla.
Camarero:	¿Tortilla?
Amiga:	Sí.
Miguel:	Debe de ser porque tiene de todo. Tiene guisantes, tiene pimiento, tiene patatas, la mayonesa.
Amiga:	No sé. No sé.
Amigo A:	Oye, es un poquito tarde. ¿Si nos vamos?
Amiga:	Sí, nos debemos ir ya.
Miguel:	¿Pide la cuenta?
Amigo A:	Sí.
Miguel:	Camarero, la cuenta, por favor. Hoy pago yo, ¿vale?
Amigo A:	No, no, hoy pago yo.
Amiga:	Sí, sí, que pague él.

Amigo B: Hola. ¿Qué tal estáis? ¿Qué tal, Miguel?

Miguel: Anda, hombre, ¿cómo estás Miguel?

Amiga: Bueno.

Amigo A: Hola, ¿dónde te has metido?

Amiga: Ya te estábamos esperando una hora.

Amigo B: Ya, es que lo siento. El autobús llegó tarde.

Amigo A: ¿No quieres tomar nada?

Amigo B: Sí. Por favor, camarero, me pone un café.

- Fin de Capítulo 2

Capítulo 3 ¿Te gusta la comida mexicana?

Narrator: When you think of Mexico and Mexican food, you probably think of **tacos, burritos,** and **enchiladas,** but **a la americana.** You also probably think that all Mexican food is very hot and spicy. Yes, the people of Mexico do eat **tacos** and **burritos,** and they love to add chile peppers to their dishes, but there are many other types of typical Mexican dishes that aren't at all spicy.

Juanita: Aquí les traigo unas manzanitas.

Laura: Ay, gracias.

Objetivos

- Some typical Mexican dishes
- The names of certain ingredients used in those dishes
- A visit to a **taquería** and a restaurant in Mexico City

Narrator: In this chapter of the video, you're going to learn about some typical Mexican dishes and the names of the ingredients used in those dishes. You're also going to visit two places where Mexicans enjoy these dishes: a **taquería** and a restaurant in Mexico City.

La cultura

Laura: Mira, vamos a ver lo que hay.

Amiga: Oye, se ve rico.

Laura: Mmm.

Laura y Amiga: Sí.

Narrator: In this scene, Laura and her friend are sharing a meal in a restaurant during a lunch break. They order some typical dishes like mushroom soup.

Narrator: Going out to restaurants is common. The meals can vary from casual to more elegant. Eating a family meal at home is also a choice, but, instead of pork chops, applesauce, salad, and bread, a dinner might include beef or chicken **enchiladas** with **guacamole,** rice and beans, and **tortillas.** Often there is a **salsa verde** on the side for those who want to add something **picante,** or spicy, to the dish. Last, but certainly not least, is the very popular activity of eating at the **taquería.** This is usually a weekend treat. Imagine a fresh, hot **tortilla** or **pan árabe** right off the grill with fresh vegetables, sautéed meat, and homemade **salsas.** What could be more delicious?

El vocabulario esencial

Narrator: Now let's look at some new words and phrases that you're going to hear in the video segment.

- **doble ración** *double serving*
Gerente: Los favoritos son las faroladas que es pan árabe con *doble ración* de queso y carne.
- **la farolada** *corn tortilla with meat and melted cheese*
Gerente: Derretido, eh, tenemos también, las cazuelitas con queso y chorizo, *la farolada* chica que consiste en tortilla de maíz con queso y carne.

- **comida de paso** *fast food*

Cocinero: Pues bien, una taquería viene siendo como este… una *comida de paso*, porque en un restaurante siempre la clientela tiene más tiempo para comer … conversar y en una taquería no, porque en una taquería los tacos se sirven rápido y, como se sirve rápido, hay que comerse rápido para que le den buen sabor.

- **variedad muy grande** *a wide variety*

Gerente: Las quesadillas, tortas… en fin es una *variedad muy grande* que tenemos, para todos los gustos y … para toda la gente, ¿verdad?

Vamos a escuchar

- Listening for specific information makes us listen more carefully.
- Some of the most popular dishes
- Why people go to a **taquería**

Narrator: In this chapter of the video, as you watch the interviews with the owner and a worker in the **Taquería Farolito,** followed by Laura and her friend, you will better understand what they say if you listen for specific information. Most of the time, if we have specific information to listen for, we listen more carefully. In the video segments that follow, let's listen to find out what some of the most popular dishes are and why people go to the **Taquería Farolito.**

Gerente: La taquería consiste en lo siguiente. Eh, primero son tacos al carbón, carne, costilla, chuleta. Los favoritos son las faroladas que es pan árabe con doble ración de queso y carne, ya sea chuleta o sea bistec. Los volcanes con carne, volcanes sencillos que consisten en una tostadita con queso y carne. Derretido, eh, tenemos también, las cazuelitas con queso y chorizo, la farolada chica que consiste en tortilla de maíz con queso y carne. Eh, las quesadillas… en fin, es una variedad muy grande que tenemos para todos los gustos y para toda la gente, ¿verdad?

Cocinero: Pues bien, una taquería viene siendo como este… una comida de paso, porque en un restaurante siempre la clientela tiene más tiempo para comer… conversar y en una taquería no, porque en una taquería los tacos se sirven rápido y, como se sirve rápido, hay que comerse rápido para que le den buen sabor.

Narrator: Did you hear the information you were listening for? It should have helped you understand some of the interview. Now let's listen to Laura and her friend as they have lunch together. Listen for clues as to whether or not the food is expensive and whether it tastes good.

- Is the food expensive?
- How does the food taste?

Laura: Mira, vamos a ver lo que hay.

Amiga: Oye, se ve rico.

Laura: Mmm.

Laura y Amiga: Sí.

Amiga: Yo de entrada voy a pedir una sopa de hongos.

Laura: Ay, no, yo quiero un tlacoyo. Y una ensalada de lebrites.

Amiga: Oye, ¿qué te parece si nos sentamos ahí?

Laura:	Bueno. ... Qué bonito está este restorán, ¿eh?
Amiga:	Excelente. ¿Ya viste los precios?
Laura:	Ay sí, muy económicos.
Laura:	Mmmm.
Amiga:	Huele riquísima, ¿eh?
Laura:	Sí, se ve muy bonita.
Amiga:	Si sabe como se ve, deliciosa. Provecho.
Laura:	Igualmente. ... Mmm.
Amiga:	Mmm.
Laura:	Muy sabroso, ¿eh?
Amiga:	Es excelente la sopa, ¿eh? Ajá. Está bien, ¿no? Tu ensalada...
Laura:	La ensalada también. ¡Riquísima! La semana que entra voy a probar la sopa de hongos.
Amiga:	No vas a ver que ... tenemos que venir, ¿eh?
Laura:	Um hmm.

Escuchemos otra vez

Narrator: You've already learned a few things about Mexican dishes, **taquerías,** and other types of Mexican restaurants. Now you're ready to sit back and listen to the entire video segment. As you watch, keep the following questions in mind:

- What are some of the typical dishes served at the **taquería?**
- Is the atmosphere of a **taquería** formal or informal?

Gerente: La taquería consiste en lo siguiente. Eh, primero son tacos al carbón, carne, costilla, chuleta. Los favoritos son las faroladas que es pan árabe con doble ración de queso y carne, ya sea chuleta o sea bistec. Los volcanes con carne, volcanes sencillos que consisten en una tostadita con queso y carne. Derretido, eh, tenemos también, las cazuelitas con queso y chorizo, la farolada chica que consiste en tortilla de maíz con queso y carne. Eh, las quesadillas... en fin, es una variedad muy grande que tenemos para todos los gustos y para toda la gente, ¿verdad?

Cocinero: Pues bien, una taquería viene siendo como este... una comida de paso, porque en un restaurante siempre la clientela tiene más tiempo para comer... conversar y en una taquería no, porque en una taquería los tacos se sirven rápido y, como se sirve rápido, hay que comerse rápido para que le den buen sabor.

Narrator: Now let's move to the restaurant where Laura is having lunch with a friend.

- Is the atmosphere different from the **taquería?**
- Does the food sound familiar?
- Do Laura and her friend like the food?

Laura:	Mira, vamos a ver lo que hay.
Amiga:	Oye, se ve rico.
Laura:	Mmm.
Laura y Amiga:	Sí.
Amiga:	Yo de entrada voy a pedir una sopa de hongos.

Laura:	Ay, no, yo quiero un tlacoyo. Y una ensalada de lebrites.
Amiga:	Oye, ¿qué te parece si nos sentamos ahí?
Laura:	Bueno. ... Qué bonito está este restorán, ¿eh?
Amiga:	Excelente. ¿Ya viste los precios?
Laura:	Ay sí, muy económicos.
Laura:	Mmmm.
Amiga:	Huele riquísima, ¿eh?
Laura:	Sí, se ve muy bonita.
Amiga:	Si sabe como se ve, deliciosa. Provecho.
Laura:	Igualmente. ... Mmm.
Amiga:	Mmm.
Laura:	Muy sabroso, ¿eh?
Amiga:	Es excelente la sopa, ¿eh? Ajá. Está bien, ¿no? Tu ensalada...
Laura:	La ensalada también. ¡Riquísima! La semana que entra voy a probar la sopa de hongos.
Amiga:	No vas a ver que ... tenemos que venir, ¿eh?
Laura:	Um hmm.

- Fin de Capítulo 3

Unidad 1 Vistas de Puerto Rico

Puerto Rico es una isla en el Mar Caribe.
Su clima es tropical. Hay muchas playas y
muchas palmeras en Puerto Rico. Puerto
Rico es parte de los Estados Unidos. Por
eso los puertorriqueños son ciudadanos
estadounidenses. Estudian inglés pero
hablan español.

La capital de Puerto Rico, San Juan, es
una ciudad moderna. También es colonial.
Estas casas de muchos colores son típicas.
La familia es importante para los puertorriqueños. Aquí un papá juega con su
bebé y una mamá juega con su niño. Los
amigos son importantes también. A los
puertorriqueños les gusta mucho hablar
con sus amigos.

El turismo es importante en Puerto Rico.
Los turistas desean visitar lugares interesantes y tomar muchas fotos. Muchos
puertorriqueños trabajan con los turistas
pero otras personas, no. Estos hombres
trabajan en la construcción. Esta mujer es
policía. Y este señor vende paletas en la
calle.

A los puertorriqueños también les gusta
mucho el recreo. Este joven patina en
línea. Algunas personas juegan al dominó.
Muchos niños puertorriqueños juegan a
pelota. A muchos niños les gusta andar en
bicicleta.

La música salsa, popular en todo el mundo, es una tradición importante en Puerto
Rico. A todos les gusta escuchar esta
música y bailar. El arte es parte de la
cultura puertorriqueña también. Hay
muchos ejemplos de arte público como este
mural. Hay unos excelentes museos en
Puerto Rico también. Puerto Rico tiene
unos artistas muy famosos.

¡Qué isla más bonita! La cultura de
Puerto Rico es diversa y sus tradiciones y
sus contribuciones son únicas.

- Fin de Unidad 1

Capítulo 4 ¿De quién es?

Narrator: Does your family rent or own a home? Do you live in the city, in the suburbs, or in the country? In Madrid, a big city with many suburbs, there are many different kinds of homes. As in other large cities, space is limited, so owning a house is often not an option. In this chapter of the video, we're going to focus our attention on the housing options available to the **madrileños**: apartments, duplexes, condominiums or **chalets**, and flats or **pisos**. We're going to visit Miguel in his apartment and listen to him describe the rooms in his home.

Miguel: Aquí está el cuarto de baño y aquella es mi habitación.

Objetivos

- The names for different homes and the names of rooms in those homes
- How to express ownership or possession

Narrator: As you watch the video, you're going to hear some new and useful words for describing a home, such as the names of possible city dwellings, the rooms inside those homes, and how to express possession or ownership of property.

La cultura

Señora: Pues yo nací aquí.

Narrator: This older woman begins by telling the story of how she recently moved from an old building that had been declared unsafe into a newer apartment in a safe neighborhood. She later goes on to describe the layout of the apartment and says that she enjoys living there even though the rent is high. She calls her old home a **casa vieja** and her new one a **piso de alquiler.** There are many terms for the different kinds of homes that people live in, and although sometimes homes vary in appearance, they are like those that we rent or own in any large city or suburb. **La casa** is a global term for the word *home,* whereas **duplex, chalet, apartamento,** and **piso** are more specific terms to describe the kind of home **madrileños** live in. What kind of place does our Spanish guide Miguel live in? **¡Vamos a ver!**

El vocabulario esencial

Narrator: Before we visit Miguel, let's take a look at some new words and phrases that you're going to hear in the video segment.

- **¿Es tuyo?** *Is this yours?*

Miguel: Como ves éste es el comedor y también es mi lugar de trabajo.

Francisco: *¿Es tuyo?*

Miguel: Sí, estoy trabajando como estudiante pero me dedico a traducir cómicas.

- **el alquiler** *the rent*

Francisco: ¿Cuánto es el alquiler?

Miguel: Sólo setenta mil.

Vamos a escuchar

- Use visual cues to help you remember new words.

Narrator: Sometimes we learn new vocabulary by seeing it written or by hearing it said in our own language first and then translating it into the new language we're trying to learn. But there is another clever way to learn vocabulary. Try using visual cues, in this case the video images, to help you remember new vocabulary. For example, instead of thinking *kitchen* after hearing the word **cocina,** try looking at the image of the kitchen, hearing the new Spanish word, and remembering the image, not the translated word. To practice, let's watch the following scene in Miguel's apartment. While you listen to his description, pay close attention to the video images.

Miguel: Ah, ja ja... Mira, ésta es la cocina, como ves es nueva. Allí está el frigorífico, debajo está el congelador. Allí el fregadero... la lavadora. Allí está el horno y allí el microondas. ¿Te gusta?

Francisco: Completísima.

Narrator: Now listen as Miguel describes the rest of his apartment. Remember to pay attention to the video images!

Miguel: Bueno, pues, éste es el salón, por el día tiene mucha luz.

Francisco: Muy bien. ¿Cuánto es el alquiler?

Miguel: Sólo setenta mil. Yo pago cuarenta porque mi cuarto es más grande, sabes.

Francisco: Setenta mil no está mal para esta zona.

Miguel: Sí, además es más barato porque es un sótano.

Francisco: ¿Gastos incluidos?

Miguel: Hombre, está incluido el agua, pero la electricidad y el gas son apartes.

Francisco: Estoy viviendo con mis padres, o sea que no tengo muchos muebles. Estaba mirando apartamentos amueblados pero son carísimos, o sea que tendré que comprar una cama y un escritorio.

Miguel: Pues, creo que mi compañero está a punto de vender sus muebles...

Francisco: Ah, pues ésa es una buena posibilidad.

Miguel: Creo que sí.

Francisco: Oye... ¿y esa puerta?

Miguel: ¿Esa puerta? Uy, es uno de los lugares preferidos de esta casa, es un patio pequeño. ¿Quieres verlo?

Francisco: ¡Por supuesto!

Miguel: Vamos. Es precioso, ¿eh? Por aquí a la derecha.

Francisco: Como puedo ver te gustan las plantas.

Miguel: Sí, mucho.

Francisco: ¿Se está al fresco aquí?

Miguel: Sí, en el verano todavía más.

Francisco: Está muy bien.

Miguel: ¿Te gusta?

Francisco: ¡Está fenomenal!

Miguel: A decir. Pues, nada, ¿quieres ver la alcoba, ahora?

Francisco: Sí.

Miguel: Acompáñame está arriba. Por aquí. Ten cuidado con el techo... y los escalones... Por aquí. Bueno, pues, éste es tu cuarto.

Francisco: ¿No tiene armario?

Miguel: No, una cama, una mesilla y hay allí una ventana que da a la calle.

Francisco: A ver...

Miguel: ¿Te gusta?

Francisco: Está bien.

Miguel: Pues, nada, allí está el cuarto de baño, y aquélla es mi habitación.

Francisco: Um hmmm.

Miguel: ¿Vamos abajo?

Francisco: Muy bien... ¡Cuidado con el techo!

Narrator: Let's pause for a moment. Think about the rooms that Miguel just showed you. Can you remember what they're called in Spanish?

Escuchemos otra vez

- Watch for visual cues
- Use the vocabulary you already know

Narrator: Now you're ready to watch the entire video segment. Remember to watch for visual cues and to use the vocabulary you already know to help you understand. As you watch, keep the following question in mind:

- What similarities and differences are there between your living situation and that of Miguel's?

Narrator: What similarities and differences are there between your living situation and that of Miguel's?

Miguel: ¿Sí?

Francisco: ¡Hola! Soy Francisco Gutiérrez.

Miguel: Yo soy Miguel.

Francisco: Llamé por el anuncio para compartir el piso.

Miguel: Uy, perdona, son las dos. Pasa, pasa.

Francisco: Llego un poco temprano.

Miguel: No, no, no.

Francisco: Bonita decoración.

Miguel: Ah, muchas gracias.

Francisco: Está muy bien, me gusta. ¿Hace mucho tiempo que vives aquí?

Miguel: Casi un año.

Francisco: ¿Y vives aquí solo?

Miguel: No. Tengo, tenía un compañero que vivía conmigo pero como ha encontrado trabajo en Pamplona, pues, se tiene que mudar. Si quieres te lo enseño.

Francisco: ¿Por aquí?

Miguel: Sí, por favor. Como ves éste es el comedor y también es mi lugar de trabajo.

Francisco: ¿Es tuyo?

Miguel: Sí, estoy trabajando como estudiante pero me dedico a traducir comics.

Francisco: Yo también tengo una buena colección de comics.

Miguel: ¿Ah, sí? ¿A qué te dedicas tú? ¿Eres estudiante?

Francisco: Estudio música en el Conservatorio, clásico flamenco … pero no te preocupes, no practicaré mucho en casa.

Miguel: Ah, ja ja… mira, ésta es la cocina, como ves es nueva. Allí está el frigorífico, debajo está el congelador. Allí el fregadero… la lavadora. Allí está el horno y allí el microondas. ¿Te gusta?

Francisco: Completísima.

Miguel: Muy bien.

Francisco: Sí, sí.

Miguel: ¿Quieres ver el resto del apartamento?

Francisco: Muy bien.

Miguel: Por allí. Bueno pues, éste es el salón, por el día tiene mucha luz.

Francisco: Muy bien. ¿Cuánto es el alquiler?

Miguel: Sólo setenta mil. Yo pago cuarenta porque mi cuarto es más grande, sabes.

Francisco: Setenta mil no está mal para esta zona.

Miguel: Sí, además es más barato porque es un sótano.

Francisco: ¿Gastos incluidos?

Miguel: Hombre, está incluido el agua, pero la electricidad y el gas son apartes.

Francisco: Estoy viviendo con mis padres, o sea que no tengo muchos muebles. Estaba mirando apartamentos amueblados pero son carísimos, o sea que tendré que comprar una cama y un escritorio.

Miguel: Pues, creo que mi compañero está a punto de vender sus muebles…

Francisco: Ah, pues ésa es una buena posibilidad.

Miguel: Creo que sí.

Francisco: Oye… ¿y esa puerta?

Miguel: ¿Esa puerta? Uy, es uno de los lugares preferidos de esta casa, es un patio pequeño. ¿Quieres verlo?

Francisco: ¡Por supuesto!

Miguel: Vamos. Es precioso, ¿eh? Por aquí a la derecha.

Francisco: Como puedo ver te gustan las plantas.

Miguel: Sí, mucho.

Francisco: ¿Se está al fresco aquí?

Miguel: Sí, en el verano todavía más.

Francisco: Está muy bien.

Miguel: ¿Te gusta?

Francisco: ¡Está fenomenal!

Miguel: A decir. Pues, nada, ¿quieres ver la alcoba, ahora?

Francisco: Sí.

Miguel: Acompáñame está arriba. Por aquí. Ten cuidado con el techo… y los escalones… Por aquí. Bueno, pues, éste es tu cuarto.

Francisco: ¿No tiene armario?

Miguel: No, una cama, una mesilla y hay allí una ventana que da a la calle.

Francisco: A ver…

Miguel: ¿Te gusta?

Francisco: Está bien.

Miguel: Pues, nada. Allí está el cuarto de baño, y aquélla es mi habitación.

Francisco: Um hmmm.

Miguel: ¿Vamos abajo?

Francisco: Muy bien… ¡Cuidado con el techo! Es un sitio estupendo. Me interesa.

- Fin de Capítulo 4

Capítulo 5 Me gusta mucho...

Narrator: What do you like to do? Do you think your likes and dislikes are different from those of people in culturally different societies? Or do you think, perhaps, that you might share some likes and dislikes? In this chapter of the video, you're going to observe a diverse group of people talking about what they like to do. In some cases, the activities that people enjoy are typical for the area. In other cases, people describe pastimes that you also enjoy on a regular basis.

Objetivos

- Learn to talk about popular leisure activities
- How to express likes and dislikes
- Comparing and contrasting

Narrator: Try to focus your attention on learning the new vocabulary for the various activities presented in this chapter and on how people express what they like to do with their free time. Later, you're going to be asked to compare and contrast what different people like to do. So observe carefully as you watch, and take notes if you like.

La cultura

Narrator: Do you dream of becoming **un matador** or **un famoso jugador de fútbol?**

In Spain and other Spanish-speaking countries, becoming a famous bullfighter or soccer player is the dream of many young people. Attending a bullfight or a soccer game is a popular activity. Despite a few variations, the likes and dislikes of Spanish-speaking people are very much like our own. We're going to focus on the similarities of our likes and dislikes rather than focusing on the differences. Don't forget that, although we differ in many ways, we are also very much alike.

What are some of the activities that we all like to do? Most of us enjoy going to the movies, reading a good book, playing sports or going to the gym, talking with friends... the list goes on and on. While you watch, keep in mind other activities that might not be mentioned and talk about them later with your classmates.

El vocabulario esencial

Narrator: Now let's take a look at some new words and phrases that you're going to hear during the video segment.

- **ir al cine** *go to the movies*
Miguel: También me gusta *ir al cine* siempre que puedo con algún amigo o con alguna amiga.
- **hacer ejercicio** *to exercise*
Mónica: Lo que más me gusta hacer en mi tiempo libre, aunque no se nota, es aeróbicos. Me gusta... *hacer ejercicio.*

Vamos a escuchar

- Comparing and contrasting helps you understand better.

- Gather information from visual and audio cues.
- Formulate your own ideas about similarities and differences.

Narrator: Let's move on to a short lesson on comparing and contrasting to help you understand better. As we watch people and listen to them talk, whether on a video or in real life, we gather information from visual and audio cues. These cues help us formulate ideas about the similarities and differences that we perceive between ourselves and others. You're going to hear some interviews about what people like to do. As you listen, note the different activities and try to remember who likes to do what. Also think about some of the activities that you like to do.

- ¿Qué les gusta hacer?
- ¿Hay algo similar entre los gustos?

Narrator: Let's meet Mónica and Martín. While you watch, compare and contrast what they like to do with what you like to do. Are there any similarities between your likes and dislikes and those of the people in the video?

Mónica: Mi nombre es Mónica Jiménez García. Lo que más me gusta hacer en mi tiempo libre, aunque no se nota, es aeróbicos. Me gusta... hacer ejercicio.

Martín: Me llamo Martín. Tengo diez años y me gusta el fútbol, me gusta ir al parque, me gusta ir a los cines . . . y me . . . me gusta salir con mis papás.

Narrator: Did you notice that both Mónica and Martín liked some form of exercise?

Escuchemos otra vez

- Remember to compare and contrast.

Narrator: Now you're ready to watch the entire video segment. Remember to compare and contrast and to use the vocabulary you already know to help you understand the interviews. As you watch, keep the following questions in mind:

- What activities do the people mention?
- Are there any differences between what they like to do and what you like to do?

Narrator: ¿Qué te gusta hacer? A todos nosotros nos gusta hacer cosas diferentes. Por ejemplo, a ti te gusta jugar fútbol y a mí me gusta leer. Son las diferencias las que nos hacen a cada uno individual o único. Pero hay muchas actividades que a todo el mundo le gusta hacer, y eso también es divertido porque podemos hacer las actividades juntos. Vamos a ver lo que les gusta hacer a algunas personas de México y de España. ¿A ti te gustan las mismas actividades o actividades diferentes? ¡A ver! ... ¿Me puedes contar qué te gusta hacer a ti?

- ¿Me puedes contar qué te gusta hacer a ti?

Mónica: Mi nombre es Mónica Jiménez García. Lo que más me gusta hacer en mi tiempo libre, aunque no se nota, es aeróbicos. Me gusta... hacer ejercicio.

Martín: Me llamo Martín. Tengo diez años y me gusta el fútbol, me gusta ir al parque, me gusta ir a los cines . . . y me . . . me gusta salir con mis papás.

Miguel: Cuando tengo tiempo libre me gusta quedarme en casa tranquilamente. Me encanta la lectura. Y en mis ratos libres aprovecho para leer las novelas de mis autores favoritos. Me gusta ir al cine, siempre que puedo, con algún amigo o con alguna amiga.

Narrator: Gracias, señoras y señores. ¡Qué variedad de gustos! Como puedes ver, hay muchas actividades que a los hispanos les gusta hacer. Espero que tú también tengas muchas cosas que te guste hacer. Adiós.

- Fin de Capítulo 5

Capítulo 6 ¡Ésta es mi familia!

Narrator: What do you think of when you think about your family? Is it small or large? Do your grandparents live with you? How about your aunts and uncles, or your cousins? Are you close? Do you live near your family and visit often? Or do you just spend holidays together? Family life in Spanish-speaking countries is often quite different from our own. In this chapter of the video, you're going to observe a typical Sunday dinner in Mexico with Laura and her family. You're also going to hear Miguel and a few others talk about a family celebration and remember times past.

Objetivos

• Understand the concept of family in the Spanish-speaking world
• Become familiar with family activities
• Learn how often family spends time together

Narrator: If you pay close attention to the conversation and to what the family does together, you should have a better idea about the meaning of family in the Spanish-speaking world, the kinds of activities family members enjoy together, and how often Spanish-speaking families spend time together.

La cultura

Narrator: In this scene, Miguel and his brother and sister-in-law are choosing some family photos for an album that they're giving to their grandmother for her 75th birthday. They're talking about how everyone looked when they were younger and fondly remembering times gone by.

Hermano: Mira la de la boda de los abuelos. ¡Qué guapa estaba la abuela aquí!

Miguel: Qué jóvenes.

Hermano: Sí, se casaron muy jóvenes pero estaba muy guapa, la abuela. Ésta la ponemos, ¿no?

Cuñada: Sí, ésta es . . . mira, ay ésta... bueno, ésta la escogéis, ¿no?

Hermano: [...] Bueno, sí, sí.

Narrator: Latin American and Spanish families form very close bonds, not only with their immediate family, but also with their extended family. They often spend a lot of time with grandparents, aunts, uncles, brothers and sisters-in-law, cousins, and the like. Although this is becoming less common, it's still more common in Spanish-speaking families than in our own. Many cultures, including Spanish-speaking cultures, believe that strong family ties are important in everyday life. What is your family like?

El vocabulario esencial

Narrator: Now let's take a look at some new verb forms that you're going to hear in the family conversation at Laura's house during Sunday dinner. Although you haven't learned to speak about the past yet, be aware that some of the conversation will refer to actions that have already taken place.

- **fuimos** *we went*

Abuelo: Y ¿qué tal la escuela?
Niña: ¡Bien! La semana pasada *fuimos* con el maestro de ciencias naturales al bosque.

- **escribí** *I wrote*

Marcos: Hola.
Abuelo: Hola, Marcos. ¿Cómo estás? ¿Qué tal?
Niño: Ven, abuelo, te quiero enseñar lo que *escribí*.

- **estuvo** *was*

Laura: ¿Cómo *estuvo* el tráfico, mami?
Abuela: Nada, hijita.
Laura: Qué bueno.

- **te traje** *I brought you*

Abuela: Ay, *te traje* fruta.
Laura: Ay, gracias.
Abuela: ¿Qué tal, Juanita?

- **compré** *I bought*

Laura: *Compré* una vajilla que te la voy a enseñar...

Vamos a escuchar

- Collect pertinent information.

Narrator: Now, let's move on to a short lesson on collecting pertinent information. What pertinent cultural and linguistic information do you think we should look for in the family dinner scene that we're going to hear? Based on what you've seen thus far, you might assume that it's important to listen carefully for the words used by family members to relate to one another.

Laura: Sí, papá. Cómo tú quieres.

Narrator: You know, for example, that the informal **tú** is used among family members. They use the following terms of endearment as well:

- Familiar terms

niña
abuelo
hijita
mami

Narrator: Aside from linguistic information, you should also observe closely for gestures of affection. Are you ready to watch the entire scene now? Don't forget to listen and watch for pertinent information.

Abuela: Mi niña.

Niña: Hola, abuela.

Niño: Hola, abuelo.

Abuela: Hola, Laura. Hola, Marcos.

Abuelo: Y ¿qué tal la escuela?

Niña: Bien. La semana pasada fuimos con el maestro de ciencias naturales al bosque. Allí vimos plantas y animales muy extraños.

Abuelo: Me tienes que contar todo lo que aprendiste, ¿eh?

Marcos: Don Martín, hola.

Abuelo: Hola, Marcos. ¿Cómo estás? ¿Qué tal?

Niño: Ven, abuelo, te quiero enseñar una historia que escribí.

Abuelo: Ah, muy bien, una historia.

Laura: ¿Cómo estuvo el tráfico, mami?

Abuela: Nada, hijita.

Laura: Qué bueno.

Abuela: Ay, te traje fruta.

Laura: Ay, gracias.

Abuela: Qué tal, Juanita?

Juanita: Buenas tardes, señora.

Laura: [A Juanita] Toma, llévalo a la cocina. [A la abuela] Compré una vajilla que te voy a enseñar.

Escuchemos otra vez

Narrator: Now, sit back and listen to the family dinner conversation without pauses. As you watch, keep the following questions in mind.

- What kind of relationship do the family members have?
- How do the family members interact with each other?
- What responsibilities do the different family members have?

Abuela: Mi niña.

Niña: Hola, abuela.

Niño: Hola, abuelo.

Abuela: Hola, Laura. Hola, Marcos.

Abuelo: Y ¿qué tal la escuela?

Niña: Bien. La semana pasada fuimos con el maestro de ciencias naturales al bosque. Allí vimos plantas y animales muy extraños.

Abuelo: Me tienes que contar todo lo que aprendiste, eh?

Marcos: Don Martín, hola.

Abuelo: Hola, Marcos. ¿Cómo estás? ¿Qué tal?

Niño: Ven, abuelo, te quiero enseñar una historia que escribí.

Abuelo: Ah, muy bien, una historia.

Laura: ¿Cómo estuvo el tráfico, mami?

Abuela: Nada, hijita.

Laura: Qué bueno.

Abuela: Ay, te traje fruta.

Laura: Ay, gracias.

Abuela: ¿Qué tal, Juanita?

Juanita: Buenas tardes, señora.

Laura: [A Juanita] Toma, llévalo a la cocina. [A la abuela] Compré una vajilla que te la voy a enseñar.

❀   ❀   ❀   ❀   ❀   ❀

Abuelo: ¿Dónde está lo que escribiste?

Niño: Te lo voy a enseñar.

Abuelo: A ver.

Niña: Abuelo, ¿nos vas a llevar al parque esta tarde?

Niño: Sí, sí, yo quiero ir a patinar y a ver los patos.

Abuelo: Yo creo que no va a ser posible porque está nublado. Tal vez mañana que esté despejado.

Niño y Niña: No, no.

Niña: El sol va a salir y el día se va a poner muy claro.

Abuelo: Bueno, pero tendría que pedirle permiso a su madre. ¡Laura! ¡Laura! ¿Puedo llevar a los niños al parque esta tarde?

Laura: Sí, papá, como tú quieras.

Niño: Ya ves que sí vamos a ir.

Abuelo: Bueno, déjame ver que es lo que escribiste.

Juanita: Señora, ya está listo el guacamole. Si quiere, puedo servir.

Laura: Ah, sí, como no. Vengan a comer que ya está lista la comida.

❁　　❁　　❁　　❁　　❁　　❁

Marcos: Don Martín, ¿no se quiere quedar a ver el partido de la tarde?

Abuelo: No, gracias, prefiero llevar a los niños al parque.

Laura: Papá, si quieres quedarte a ver el partido, mi mamá y yo los llevamos.

Niña: No, nosotros queremos ir con el abuelo.

Niño: Sí.

Abuelo: No es tan importante... Prefiero llevar a los niños al parque. Es mucho mejor eso que quedarse sentado toda la tarde viendo televisión.

Laura: Bueno, en eso sí tienes razón.

Juanita: Aquí les traigo unas manzanitas.

Laura: Ay, gracias.

• Fin de Capítulo 6

Unidad 2 Vistas de Chile

Chile es el país largo y estrecho que forma el extremo occidental de gran parte de la América del Sur. Es un país de muchos contrastes, de costa, desierto y montañas. La Isla de Pascua y parte de la Antártico también son de Chile.

La cordillera de los Andes es difícil de habitar, ya que las montañas son muy altas. Hace frío y no hay mucho oxígeno en las alturas. Chile es un buen lugar para practicar el esquí porque en muchos picos siempre hay nieve. Por la misma razón, el 80% de la población es urbana.

Dos ciudades chilenas son Santiago y Valparaíso. Santiago es la capital y el centro económico del país. Es una ciudad grande y moderna, con un rápido ritmo de vida. Valparaíso es un puerto importante y activo. Chile importa petróleo y carbón; exporta cobre y muchos otros productos.

Por lo general, les importa mucho a los chilenos su profesión y oficio. Estos jóvenes llevan el uniforme de su escuela. Son muy estudiosos, pero también se divierten. El fútbol es una diversión muy popular en Chile, como lo es en casi todo el mundo.

Como muchos países, Chile muestra una combinación de características modernas y viejas. La modernidad se ve en los edificios altísimos, la ropa de los chilenos urbanos, el sistema del metro y el equipo electrónico que mucha gente utiliza. Se puede ver lo tradicional español e indio en la arquitectura colonial, las artesanías que se venden en los mercados y el traje que algunos indígenas conservan. Como toda gente rural, estos indios dependen de sus animales.

El famoso poeta Pablo Neruda era chileno. Su casa ahora es un museo muy visitado. La escritora Isabel Allende, quien ahora vive en los Estados Unidos, también es de Chile. Su obra se traduce inmediatamen-te; por eso se puede leer sus cuentos y novelas en español o en inglés.

Los chilenos tienen un alto nivel de vida, educación e industria. Su cultura muy productiva, en combinación con su paisaje tan impresionante, lo hacen un país distinguido e inolvidable.

* Fin de Unidad 2

Capítulo 7 ¿Adónde vamos?

Narrator: What do you prefer to do on weekends when you have time to spend with friends and family? Do you go out to eat at your favorite restaurant? How about taking in a bullfight or strolling in the park? Do you go for a row in the local pond? Or perhaps, like many from around the world, you opt to relax in the theater and take in a movie. The tradition of going to the movies is as popular throughout the Spanish-speaking world as it is here in the United States.

Silvia: Oye, ¿y qué vamos a ver? ¿En la película?

Miguel: Ah. Pues, ¿*Clerks*?

Narrator: In this chapter of the video we'll watch as Miguel and his friends meet at the theater and discuss which movie they'll go to see.

Objetivos

- What Spanish-speaking people like to do with their leisure time
- How to express preference or desire using **querer** and **preferir**

Narrator: As you watch this chapter of the video, remember that going out to the movies is just one of the many leisure activities that Spanish-speaking people enjoy. Can you think of other activities that we've already seen in previous chapters? As you watch, think about the verbs you've learned in Chapter 7 of your text, **querer** and **preferir**.

La cultura

Jorge Frías: Bueno, mi nombre es Jorge Frías. Y pues yo ocupo mi tiempo libre, no sé, en ir a bares, a discotecas, con mis primos, con amigos, no sé. Algunas veces a escuchar música, platicar, también con amistades, ver televisión, películas, visitar museos, visitar … lugares públicos, plazas comerciales, eh … como Coyoacán. Lugares así, ¿no? Ésos son mis pasatiempos cuando … cuando tengo tiempo libre.

Narrator: This young man, Jorge Frías, mentions all kinds of activities that he does with his free time: going to bars, listening to music, chatting with friends and family, watching television, visiting museums, meeting in public places like the park or the mall, and on Sundays, going to the movies. We all enjoy different activities during our leisure time, but one particularly popular place to meet friends is the movie theater. There are many well-made films in Spanish by famous directors and screenwriters such as Pedro Almodóvar and Laura Esquivel. However, American-made Hollywood films are also popular throughout the Spanish-speaking world.

In the following scene, Miguel meets some friends at the theater to see a movie, but they have difficulty deciding which movie to see. His friend has read an informative **papelito** containing information about the movie, its actors, and the director. These booklets are commonly distributed at movie theaters to help viewers decide which film they would like to see. A movie's director is an important factor and may be the reason one chooses to see a specific movie. Is the director of a film important to you?

El vocabulario esencial

Narrator: Now let's take a look at some new words and phrases that you're going to hear in this scene with Miguel and his friends.

- **Siento llegar tarde** *Sorry I'm late*

Miguel: *Siento llegar tarde.* Lo que pasa es que me han llamado por teléfono y ya sabes...

Silvia: Ya. Es que siempre llegas tarde, ¿no es cierto?

Miguel: ¿Quién, yo?

Silvia: Hombre... Pues, hombre, ¡ay!

- **¿Y qué vamos a ver?** *What are we going to see?*

Silvia: Oye, *¿y qué vamos a ver? ¿En la película?*

Miguel: Ah. ¿Pues *Clerks?*

Silvia: ¿Cómo que *Clerks? Salto al vacío.* ¿Lo ves allí? Sí, ves, *Salto al vacío* y he cogido yo este papelito y es muy bueno.

- **he cogido yo este papelito** *I picked up this paper*

Silvia: Oye, ¿y qué vamos a ver? ¿En la película?

Miguel: Ah. ¿Pues *Clerks?*

Silvia: ¿Cómo que *Clerks? Salto al vacío.* ¿Lo ves allí? Sí, *Salto al vacío* y *he cogido yo este papelito* y es muy bueno.

Vamos a escuchar

Narrator: In Chapter 2 of the video, we learned that a cognate is a word in one language that is identical or related to a word in another language. We also learned that cognates are spelled alike and have similar pronunciations. Here are some new cognates for you to listen for in the first part of this chapter's video segment:

- A cognate is a work similar in form and meaning in two languages.

- Cognates

el teléfono
la opción

Silvia: Uy! ¡Qué susto!

Miguel: ¿Qué tal?

Silvia: Hola. Bien.

Miguel: Siento llegar tarde. Lo que pasa es que me han llamado por teléfono y ya sabes...

Silvia: Ya. Es que siempre llegas tarde, ¿no es cierto?

Miguel: ¿Quién, yo?

Silvia: Hombre... Pues, hombre, ¡ay! Oye, ¿dónde están tus amigos?

Miguel: Ellos ya me conocen y ya saben que voy a llegar... tarde.

Silvia: ¡Ja, ja! Oye, ¿y qué vamos a ver? ¿En la película?

Miguel: Ah. Pues... ¿Clerks?

Silvia: ¿Cómo que *Clerks? Salto al vacío.* ¿Lo ves allí? Sí, ves, *Salto al vacío* y he cogido yo este papelito y es muy bueno.

Miguel: No, no, no. *Clerks, Clerks...*

Silvia: ¡Que no! Y además ya son las cuatro menos veinticinco y has llegado tarde. No tienes otra opción. ¡Ah! ¿Qué?... Sí, sí, sí.

Miguel: Bueno.

Silvia: Sí, sí.

Miguel: Bueno. Vale. Uh huh.

Narrator: Here are several more cognates for you to listen for in the second part of the video segment.

- Cognates
  el director
  auténtico
  maravilloso
  la fotografía
  los actores

Juan: Hombre, Miguel. ¿Qué tal? Compañero ...

Miguel: ¡Aquí estamos! Mira, ésta es Teresa; éste es Juan.

Silvia: ¡Hombre, hola!

Teresa: Mucho gusto.

Juan: Pues este muchacho nos ha hablado mucho de ti. ... Bueno, ¿qué vamos a ir a ver?

Silvia: Hombre, pues, vamos a ver...

Miguel: *Salto al vacío.*

Juan: ¿Cómo qué *Salto al vacío?*

Teresa: Pensábamos ver *Clerks.*

Juan: Sí, *Clerks.*

Miguel: Como vamos a ver *Clerks.* Hombre, muchacha, *¡Salto al vacío!* Tú no sabes el director que tiene, ¡púa! el director.

Teresa: ¿Quién es?

Miguel: El...

Silvia: Daniel Calperson.

Miguel: Daniel... el zorro este, maravilloso, maravilloso. ¿Y el director de fotografía? El director de fotografía: auténtico pero, pero monstruo...

Juan: ¿Quién es?

Miguel: El hombre, el...

Silvia: Chico de la Rica.

Miguel: El chico de la ...este, pero, pero... De verdad, puedes confiarte en mí, hombre... ¿y los actores? ¡Búa! Maravillosos. El hombre es el ... el ... el ...

Silvia: Alfredo Villar ...

Miguel: Vi, Vi —¡Villa!

Juan: Mira, tío, déjalo. Ya la has intentado dos veces. No sigas. No tienes ni idea. Bueno, ¿y por qué no vamos a ir a ver *Clerks?*

Silvia: Pues, eh, mira es que ya son las cinco menos cuarto y ... La verdad es que llegamos tarde. Yo creo que es mejor ver la otra, ¿verdad?

Teresa: Oh, no llegamos, no llegamos. Bueno, sí, vamos.

Juan: Bueno vamos a verlo, *Salto al vacío.* Además... si lo dice Miguel...

Escuchemos otra vez

Narrator: Now you're ready to watch the entire scene. Remember to listen carefully and to use the vocabulary you already know to help you understand the conversation.

- Use the vocabulary you already know to help you understand the conversation.

Narrator: As you watch, keep the following questions in mind:

- What are the two movie choices?
- Which film do Miguel and his friends finally decide to see?
- How well do Miguel, Silvia, Teresa, and Juan know each other?

Silvia: Uy! ¡Qué susto!

Miguel: ¿Qué tal?

Silvia: Hola. Bien.

Miguel: Siento llegar tarde. Lo que pasa es que me han llamado por teléfono y ya sabes...

Silvia: Ya. Es que siempre llegas tarde, ¿no es cierto?

Miguel: ¿Quién, yo?

Silvia: Hombre... Pues, hombre, ¡ay! Oye, ¿dónde están tus amigos?

Miguel: Ellos ya me conocen y ya saben que voy a llegar... tarde.

Silvia: ¡Ja, ja! Oye, ¿y qué vamos a ver? ¿En la película?

Miguel: Ah. Pues... ¿*Clerks*?

Silvia: ¿Cómo que *Clerks*? *Salto al vacío*. ¿Lo ves allí? Sí, ves, *Salto al vacío* y he cogido yo este papelito y es muy bueno.

Miguel: No, no, no. *Clerks, Clerks*...

Silvia: ¡Que no! Y además ya son las cuatro menos veinticinco y has llegado tarde. No tienes otra opción. ¡Ah! ¿Qué?... Sí, sí, sí.

Miguel: Bueno.

Silvia: Sí, sí.

Miguel: Bueno. Vale. Uh huh.

❁ ❁ ❁ ❁ ❁ ❁

Juan: Hombre, Miguel. ¿Qué tal? Compañero ...

Miguel: ¡Aquí estamos! Mira, ésta es Teresa; éste es Juan.

Silvia: ¡Hombre, hola!

Teresa: Mucho gusto.

Juan: Pues este muchacho nos ha hablado mucho de ti. ... Bueno, ¿qué vamos a ir a ver?

Silvia: Hombre, pues, vamos a ver...

Miguel: *Salto al vacío.*

Juan: ¿Cómo qué *Salto al vacío*?

Teresa: Pensábamos ver *Clerks*.

Juan: Sí, *Clerks*.

Miguel: Como vamos a ver *Clerks*. Hombre, muchacha, ¡*Salto al vacío*! Tú no sabes el director que tiene, ¡púa! el director.

Teresa: ¿Quién es?

Miguel: El...

Silvia: Daniel Calperson.

Miguel: Daniel... el zorro este, maravilloso, maravilloso. ¿Y el director de fotografía? El director de fotografía: auténtico pero, pero monstruo...

Juan: ¿Quién es?

Miguel: El hombre, el...

Silvia: Chico de la Rica.

Miguel: El chico de la ...este, pero, pero... De verdad, puedes confiarte en mí, hombre... ¿y los actores? ¡Búa! Maravillosos. El hombre es el ... el ... el ...

Silvia: Alfredo Villar ...

Miguel: Vi, Vi —¡Villa!

Juan: Mira, tío, déjalo. Ya la has intentado dos veces. No sigas. No tienes ni idea. Bueno, ¿y por qué no vamos a ir a ver *Clerks*?

Silvia: Pues, eh, mira es que ya son las
          cinco menos cuarto y ... La
          verdad es que llegamos tarde.
          Yo creo que es mejor ver la otra,
          ¿verdad?

Teresa: Oh, no llegamos, no llegamos.
          Bueno, sí, vamos.

Juan: Bueno vamos a verlo, *Salto al
          vacío.* Además... si lo dice
          Miguel...

•   Fin de Capítulo 7

Capítulo 8 ¿Dónde está?

Objetivos

* Words and phrases for giving and following directions

Narrator: In this chapter of the video, we'll learn words and phrases for giving and following directions. We're going to follow Miguel as he tries to find his way to **Paseo Linares,** outside of the city of Madrid. We're also going to follow his actions closely as he moves around the bus station. Listen carefully to the conversation between Miguel and another commuter at the station. Pay close attention not only to the directions and advice that Miguel receives regarding his travel to the outskirts of Madrid, but also to his actions. In what direction is he walking? Will he stay close to the city or will he travel a great distance? You will hear new words and expressions that will later enable you to give and follow directions in Spanish. You will also learn about the different modes of transportation in this city, and special fares or packages that are offered to make commuting more economical.

La cultura

Laura: Estamos aquí, en la estación del metro de Bellas Artes. Ahora voy a tomar el metro. Ahora voy a tomar el metro en la línea 2 de Cuatro Caminos para bajarme en Tacuba y transbordar, eh, hacia la estación línea 7 que va a Barranca del Muerto y bajarme en el Auditorio que es adónde voy. Aquí en la Ciudad de México, en el Distrito Federal, el metro, casi todos sus pasillos tienen exposiciones artísticas. Ahora voy a comprar mi boleto en la taquilla.

Narrator: Laura was taking the subway to **Auditorio.** She had to get off at various stops along the way and change trains. In Madrid, as in all large cities, there are many modes of transportation available to take you to any destination, either within or outside the city limits. The most common ways to travel are by bus, subway, or taxi. You can also choose to take your car, however most **madrileños** find commuting on public transportation easier than finding and paying for an expensive parking spot. The most expensive way to travel is by taxi. The subway and the bus are the most popular commuter options. The subway in Madrid is very well organized; it's easy to find your way around using the maps on the walls or the popular pocket version. The bus schedule is a bit more complicated to learn, but is very popular with the **madrileños.** There are great deals, like the **bono bus,** a ticket that permits you ten round trip commutes for a very reasonable price.

El vocabulario esencial

Narrator: Now let's take a look at some new words and phrases that you're going to hear in this chapter of the video.

- **está muy lejos**   *It's very far away*

Miguel: ¡Oiga, perdone! ¿El autobús que me lleva para el Paseo Linares?

Señor: Eso *está muy lejos*. Cógete un taxi... está fuera de Madrid.

- **cójete el metro**   *take the metro*

Señor: Cógete un taxi... está fuera de Madrid.

Miguel: No, pero un taxi es muy caro.

Señor: Pues, *cógete el metro*.

Miguel: No, no, no... el autobús.

- **te bajas y coges**   *you get off and take*

Señor: Pues cógete el 42. ¡Ahí! El 42. Que te lleve hasta Cuatro Caminos. En Cuatro Caminos *te bajas*. *Coges* el Circular, con la letra C.

- **te lleva hasta**   *it will take you to*

Señor: Ése *te lleva hasta* la Avenida Américas. En la Avenida América te bajas y coges un autobús directo hasta el Linares. ¿Qué te parece?

Miguel: Un poco largo, ¿no?

Señor: Yo te lo he dicho... está fuera de Madrid.

- **dar tantas vueltas**   *go back and forth a lot*

Miguel: Vale. El billete, ¿dónde lo compro?

Señor: Pues en los autobuses... o cómprate, si vas a *dar tantas vueltas,* cómprate un bono bus. Te dan diez viajes y tienes para la ida y para la vuelta.

Vamos a escuchar

- Following instructions

Narrator: In this lesson, we're going to concentrate on following instructions. These instructions include direction words given to Miguel to help him get where he is going. Before you watch the next scene of Miguel at the bus station, familiarize yourself with these direction words.

- Direction words

   cogerse   *to take (a bus, a taxi, etcetera)*
   llevar   *to take to (a place)*
   te bajas   *you get off*
   hasta   *until, to*

Miguel: ¡Oiga, perdone! ¿El autobús que me lleva para el Paseo Linares?

Señor: Eso está muy lejos. Cógete un taxi... está fuera de Madrid.

Miguel: No, pero un taxi es muy caro.

Señor: Pues, cógete el metro.

Miguel: No, no, no... el autobús.

Señor: Pues cógete el 42. ¡Ahí! El 42. Que te lleve hasta Cuatro Caminos. En Cuatro Caminos te bajas. Coges el Circular, con la letra C. Ése te lleva hasta la Avenida Américas. En la Avenida Américas te bajas y coges un autobús directo hasta el Linares. ¿Qué te parece?

Miguel: Un poco largo, ¿no?

Señor: Yo te lo he dicho... está fuera de Madrid.

Miguel: Vale. El billete, ¿dónde lo compro?

Señor: Pues en los autobuses... o cómprate, si vas a dar tantas vueltas, cómprate un bono bus. Te dan diez viajes y tienes para la ida y para la vuelta.

Miguel: Bueno...

Señor: Te sale más barato.

Miguel: Muchas gracias.

Señor: De nada. Anda.

Escuchemos otra vez

- Use the direction words and phrases that you just learned to help you understand.

Narrator: Now you're ready to watch the entire scene. Remember to listen carefully and to use the direction words and phrases you've just learned to help you understand. As you watch, keep the following questions in mind:

- How do Miguel and the commuter address each other, with **tú** or **Ud.?**
- What is a **bono bus?** Why should Miguel buy one?

Miguel: ¡Oiga, perdone! ¿El autobús que me lleva para el Paseo Linares?

Señor: Eso está muy lejos. Cógete un taxi... está fuera de Madrid.

Miguel: No, pero un taxi es muy caro.

Señor: Pues, cógete el metro.

Miguel: No, no, no... el autobús.

Señor: Pues cógete el 42. ¡Ahí! El 42. Que te lleve hasta Cuatro Caminos. En Cuatro Caminos te bajas. Coges el Circular, con la letra C. Ése te lleva hasta la Avenida Américas. En la Avenida Américas te bajas y coges un autobús directo hasta el Linares. ¿Qué te parece?

Miguel: Un poco largo, ¿no?

Señor: Yo te lo he dicho... está fuera de Madrid.

Miguel: Vale. El billete, ¿dónde lo compro?

Señor: Pues en los autobuses... o cómprate, si vas a dar tantas vueltas, cómprate un bono bus. Te dan diez viajes y tienes para la ida y para la vuelta.

Miguel: Bueno...

Señor: Te sale más barato.

Miguel: Muchas gracias.

Señor: De nada. Anda.

- Fin de Capítulo 8

Capítulo 9 ¡La fiesta del pueblo!

Narrator: What comes to mind when you think of a party? A small gathering with a group of your closest friends, a family party during the holidays, or a big party with lots of people you don't know? Would you describe watching a bullfight on a Sunday afternoon as a **fiesta?** In this chapter of the video you're going to learn that the word **fiesta** has more than one meaning in Spanish. Aside from the literal translation, *party*, **fiesta** also means *holiday*, or can also refer to a traditional celebration, such as a bullfight or a dance.

Gilberto: Oye, mira, el sábado va a haber una fiesta en casa de Ricardo y pues te hablo para ver si nos puedes ayudar con lo de la música.

Objetivos

- Colloquial language used by young people
- Who goes to parties, what they bring, and what they do there
- How to extend or turn down an invitation

Narrator: In this chapter, we're going to meet two young men planning a party in town with friends. You can expect to learn more about colloquial language spoken among young people. You're also going to learn who goes to parties, what they bring, and what they do there. Lastly, you're going to see how invitations are extended and turned down by peers.

La cultura

Narrator: Parties as we know them are usually very different from the celebrations of holidays like Christmas, Yom Kippur, or Martin Luther King Day. We clearly distinguish between these sorts of **fiestas** by assigning a different word to each: family holiday, party, and national holiday. In Spanish there is only one word to refer to a wide variety of parties, family holidays, and national holidays—**una fiesta**—so we must be very careful when using this word. For example, you've been watching Laura and her family celebrate a family holiday with a **piñata.** A **piñata** is a paper-mâché figure filled with candy. To get the candy out of the piñata, children are blindfolded and spun around a number of times. Then they hit at the **piñata** with a stick until it breaks open and all the candy spills out. In addition to bullfights and national holidays, Spanish-speaking people have parties as we know them, and in this chapter of the video we're going to witness the planning of one of them in Mexico.

El vocabulario esencial

Narrator: Now let's take a look at some new words and phrases that you're going to hear.

- **llevar el equipo** *carry the equipment*

Mauricio: Pues sí, yo creo que sí. Nada más que necesito que me ayuden para *llevar el equipo.*

- **está de buen humor** *to be in a good mood*

Mauricio: No, no la conoces. Está en mi clase de biología. Es simpatiquísima. Además, siempre *está de buen humor.* Y más, es excelente bailarina. Bueno, pero ya la conocerás, si va.

- **lo paso muy bien** *I have a good time*

Gilberto: Oye, ¿y qué? ¿Te gusta?

Mauricio: Pues la verdad es que sí. *Lo paso muy bien* con ella.

Vamos a escuchar

- A colloquial expression is a familiar or informal word or phrase used in spoken language.

Narrator: Let's move on to a short lesson on listening for and learning to recognize colloquial expressions. A colloquial expression is a familiar or informal word or phrase that people use in speaking but not in writing. If we're just learning a language, how can we tell if we're hearing a colloquial expression? This is not as hard as you might think. First you must listen for the new word or phrase in context to find its real meaning. For example, Mauricio refers to his friend Irma as **una chava.** Let's listen to the entire sentence to see if we can figure out what **una chava** means.

Mauricio: Es que quiero invitar a Irma. Es una chava con la que salí el sábado pasado.

Gilberto: Oye, ¿y quién es? ¿La conozco?

Mauricio: No, no la conoces. Está en mi clase de biología. Es simpatiquísima. Además, siempre está de buen humor. Y más, es ex-

celente bailarina. Bueno, pero ya la conocerás, si va.

Narrator: If Mauricio thinks Irma is very friendly and always in a good mood, what can you guess **una chava** means? Let's try one more. Later in the conversation, Gilberto says **"¿Qué onda?"** What do you think this might mean?

Gilberto: Bueno, entonces ¿qué onda? ¿Sí contamos contigo para lo de la música?

Mauricio: Sí, sí, sí, sí...

Gilberto: Entonces, nos vemos el sábado.

Narrator: Now let's watch as Mauricio invites Irma to the party on Saturday night. Does she accept the invitation? Why or why not?

Irma: ¿Bueno?

Mauricio: ¿Irma?

Irma: Sí.

Mauricio: Hola, ¿cómo estás? Habla Mauricio.

Irma: Ah, hola, Mauricio. ¿Cómo estás?

Mauricio: Bien, aquí. Oye, mira, Irma. Te hablo para invitarte a una fiesta que da Ricardo el próximo sábado en su casa. ¿Quieres venir?

Irma: Uy, no puedo... ya tengo planes para el sábado. ¡Qué pena, Mauricio!

Mauricio: Oye, ¿y no puedes cancelar tus planes?

Irma: No, no, no. Imposible. Voy a salir de viaje el fin de semana. A Veracruz.

Mauricio: ¿A Veracruz?

Irma: Ajá. Sofía me invitó a pasar el fin de semana con unos amigos ... y pues nunca he ido ahí. Tengo muchas ganas de conocer Veracruz.

Mauricio: Ah, qué lástima. Bueno, pero de cualquier manera me llamas a tu regreso, ¿no? Para que me cuentes los detalles de tu viaje.

Irma: Sí, sí, claro, claro. Yo te llamo el domingo en cuanto llegue. Que se la pasen muy bien en la fiesta.

Mauricio: Gracias, igualmente. Hasta el domingo entonces.

Irma: Adiós.

Mauricio: Adiós.

Escuchemos otra vez

Narrator: Now you're ready to watch the entire scene. As you watch, keep the following questions in mind:

- Who will go to this party?
- Are the people who are throwing the party organized?
- What sort of planning do they do?
- What hour of the evening does the party begin?

Mauricio: ¿Bueno?

Gilberto: ¿Mauricio? Hola, habla Gilberto. ¿Qué haces?

Mauricio: Pues aquí, estudiando. Estoy preparando un trabajo para la clase de historia.

Gilberto: Oye, mira, el sábado va a haber una fiesta en casa de Ricardo y pues te hablo para ver si nos puedes ayudar con lo de la música.

Mauricio: ¿El sábado? ¿Cómo a qué hora?

Gilberto: Bueno, no sé. Me imagino que como siempre... como a las diez, por ahí, más o menos...

Mauricio: Pues sí, yo creo que sí. Nada más que necesito que me ayuden para llevar el equipo.

Gilberto: Ah, no te preocupes, yo puedo ayudarte con lo que necesites.

Mauricio: Bueno. ¿Y quién va, eh?

Gilberto: Me imagino que los de siempre... Susana, María y, pues, todos sus amigos de clase. ¿Por qué?

Mauricio: Es que quiero invitar a Irma. Es una chava con la que salí el sábado pasado.

Gilberto: Oye, ¿y quién es? ¿La conozco?

Mauricio: No, no la conoces. Está en mi clase de biología. Es simpatiquísima. Además, siempre está de buen humor. Y más, es excelente bailarina. Bueno, pero ya la conocerás, si va.

Gilberto: Oye, ¿y qué? ¿Te gusta?

Mauricio: Pues la verdad es que sí. La paso muy bien con ella.

Gilberto: Eh, pues, ¡qué bien! Pues ojalá tú también le gustes, ¿no? Bueno, entonces ¿qué onda? ¿Sí contamos contigo para lo de la música?

Mauricio: Sí, sí, sí, sí...

Gilberto: Entonces, nos vemos el sábado. Te dejo porque también tengo que hablar con los demás para ver quién va a traer lo de la comida y la bebida y todo lo que haga falta. Entonces, el sábado... ¿vale?

Mauricio: Ajá.

Gilberto: Adiós.

Mauricio: Adiós.

❀   ❀   ❀   ❀   ❀   ❀

Irma: ¿Bueno?

Mauricio: ¿Irma?

Irma: Sí.

Mauricio: Hola, ¿cómo estás? Habla Mauricio.

Irma: Ah, hola, Mauricio. ¿Cómo estás?

Mauricio: Bien, aquí. Oye, mira, Irma. Te hablo para invitarte a una fiesta que da Ricardo el próximo sábado en su casa. ¿Quieres venir?

Irma: Uy, no puedo... ya tengo planes para el sábado. ¡Qué pena, Mauricio!

Mauricio: Oye, ¿y no puedes cancelar tus planes?

Irma: No, no, no. Imposible. Voy a salir de viaje el fin de semana. A Veracruz.

Mauricio: ¿A Veracruz?

Irma: Ajá. Sofía me invitó a pasar el fin de semana con unos amigos … y pues nunca he ido ahí. Tengo muchas ganas de conocer Veracruz.

Mauricio: Ah, qué lástima. Bueno, pero de cualquier manera me llamas a tu regreso, ¿no? Para que me cuentes los detalles de tu viaje.

Irma: Sí, sí, claro, claro. Yo te llamo el domingo en cuanto llegue. Que se la pasen muy bien en la fiesta.

Mauricio: Gracias, igualmente. Hasta el domingo entonces.

Irma: Adiós.

Mauricio: Adiós.

• Fin de Capítulo 9

Unidad 3 Vistas de Costa Rica

Costa Rica es un pequeño país centroamericano con unos tres millones de habitantes. Costa Rica es una democracia y a diferencia de muchos países, no tiene fuerzas militares.

San José es la capital de Costa Rica y es su centro de población, cultura e industria. San José es una ciudad muy viva, con muchos peatones. A los costarricenses les gusta dar un paseo en su tiempo libre. Las fuentes y los jardines crean un ambiente muy agradable en las plazas. Los músicos también contribuyen a este ambiente. La marimba es un instrumento musical antiguo que se toca en muchas partes de Centroamérica. En el Museo de Oro se puede ver otro aspecto de la antigüedad Centroamericana. Estos artículos de oro son precolombinos; es decir, los indígenas los hicieron antes de la llegada de los españoles al Nuevo Mundo.

La economía de Costa Rica es principalmente agrícola. Dos cosechas importantes son el café y las bananas, los que se exportan a otros países. Hay que recoger el café a mano porque todos los granos no están maduros al mismo tiempo. Se puede ver que es un trabajo difícil.

Es obvio que Costa Rica es un país muy lindo e interesante. Hay volcanes activos, playas bonitas y selva, o sea un bosque tropical donde llueve todo el año. Por eso, y también porque los costarricenses tienen fama de ser amables, a los turistas les encanta visitar Costa Rica. El hacer turismo en lugares naturales se llama ecoturismo y es cada vez más popular en la América Latina. Los turistas quieren ir a la playa para nadar y tomar el sol y también para mirar y escuchar el océano. Los turistas pueden entrar en la selva, donde ven todo tipo de planta y aprenden de la ecología. Hay arboles enormes, flores bonitas y animales e insectos interesantes. Afortunadamente, los costarricenses están muy conscientes del valor ecológico de la selva y la costa y buena parte del territorio nacional está protegida por la ley.

Costa Rica es notable por su estabilidad política y económica. Costa Rica, con su belleza natural y su gente simpática, es un país sin igual.

• Fin de Unidad 3

Capítulo 10 ¿Quieres ir al centro?

Narrator: When we plan a trip to town, it can be for a variety of reasons. We might go clothes shopping, to a café, to the movies, spend time with our friends or, as Laura and Juanita do in the following scene, go to the market or supermarket to buy groceries. Watch and listen closely as Laura and Juanita discuss their grocery list.

Objetivos

- Going to the market
- Handling food in the market

Narrator: In this chapter of the video you're going to learn the difference between the market and the supermarket, and the importance of the market in Mexican culture. Be sure to watch how food is handled. How often do Laura and Juanita actually touch the food? Would you touch the produce at the supermarket?

La cultura

Narrator: Let's observe the following scene closely. Pay attention not only to what is said, but to who is handling the food once it is ordered.

Laura: ¡Ah! ¡Mira sí! Oiga, señorita, mire este, ¿cómo se llama?

Señorita: Costeño.

Laura: Costeño.

Juanita: Costeño. Ah, mire, pasillo seco [sic].

Laura: Mire, sí. Yo éste no lo había visto Juanita, ¿no? No lo conocía.

Juanita: Ay, no.

Laura: ¿Sabe qué? Deme del [sic] pasilla, del ancho y del huajillo.

Juanita: Nada más 100 gramos.

Laura: Cien gramos. También un cascabel, por favor.

Juanita: Mire, ahí hay nueces y piñón. De una vez llevamos, ¿no?

Laura: Ah, y de una vez nueces y piñones para los chiles de Nogada. Bueno... deme pasilla, del ancho, chile ancho, también... cien gramos.

Juanita: También cascabel, señora.

Laura: Cascabel también. Deme cien gramos.

Juanita: Ah, pide el chile molito también para después.

Laura: ¡Ah! Y el chile molito también para las salsas. ¡Qué rico!

Narrator: In this scene, Laura and Juanita are at a typical Mexican market; some are open-air markets while others are covered. Did you notice that the food is fresh? It's not boxed, dried, frozen, or processed. Each stand at the market is privately owned, usually by a family. The owners are proud of their produce. Laura and Juanita are very respectful of the owners, addressing them with the **Ud.** form of the verb. Notice also how Laura and

Juanita refrain as much as possible from touching the food. Later, Laura and Juanita will shop for other ingredients at the supermarket, just as we are accustomed to doing here, but the fresh produce for a meal is almost always purchased at the open market.

El vocabulario esencial

Narrator: Now let's take a look at the new words and expressions that you're going to hear during the following scene.

- **invitados** *guests*

Laura: ¡Se me olvidó que hoy es sábado y en la noche tenemos *invitados!*

Juanita: ¡De veras!

- **¿qué hacemos de cenar?** *What are we going to make for dinner?*

Laura: Va a venir un amigo de Marcos, su esposa, mi amiga Cristina, su novio, el señor y yo... somos seis... *¿qué hacemos de cenar?*

- **bien rico** *delicious*

Juanita: ¿Qué le parece unos chiles de Nogada? Es un platillo *bien rico* y al señor le encanta...

- **de postre** *for dessert*

Laura: Ah, bueno, OK. Pero la vinagreta me la haces aparte porque no a todos les gusta. Ah, .¿y *de postre*, Juanita?

Juanita: Unos chongos zamoranos.

- **déjame apuntar** *let me write it down*

Laura: ¡Ah, muy bien! Así aprovechamos la leche. *Déjame apuntar* lo que necesitamos. A ver, dime.

Juanita: Sí, mira, para los chiles, carne molida y nueces.

Vamos a escuchar

- You need to be able to draw conclusions from available information.

- When information is limited, use what you know to fill in the gaps.

Narrator: Part of being a good listener is being able to draw conclusions from available information, from people's actions and background scenes. Sometimes, this information will appear to be limited or lacking in detail. However, you can bring your previous knowledge to the video viewing. Try taking what you already know and filling in the gaps. As you watch the first scene in the kitchen, try to discover where Laura and Juanita are going and why.

- Where are Laura and Juanita going and why?

Laura: ¡Ay, Juanita! ¡Se me olvidó que hoy es sábado y en la noche tenemos invitados!

Juanita: ¡De veras!

Laura: Va a venir un amigo de Marcos, su esposa, mi amiga Cristina, su novio, el señor y yo... somos seis... ¿qué hacemos de cenar?

Juanita: ¿Qué le parece unos chiles de Nogada? Es un platillo bien rico y al señor le encanta...

Laura: Ah, bueno, está muy bien. ¿Con arroz?

Juanita: Sí. Un arroz verde. Le echamos unos chicharitos...

Laura: Bueno, bueno, arroz... eh, ¿de ensalada?

Juanita: Ah, pues una ensalada verde: le echamos berros y apio.

Laura: Ah, bueno, OK. Pero la vinagreta me la haces aparte porque no a todos les gusta. Ah, ¿y de postre, Juanita?

Juanita: Unos chongos zamoranos.

Laura: ¡Ah, muy bien! Así aprovechamos la leche. Déjame apuntar
lo que necesitamos. A ver,
dime.

Juanita: Sí, mire: para los chiles, carne
molida y nueces.

Laura: ¿Ya tenemos todos los condimentos?

Juanita: Ya, ya. Nada más nos faltan
unas granadas, piñón y un poco
de crema.

Laura: ¿Ya se acabó la crema?

Juanita: Ya, nada más queda una lata.

Laura: Bueno, me traes, pero de la
suelta porque es más espesa.

Narrator: If you figured out that Laura
and Juanita were going to the
market to buy groceries for a
dinner party, you're right. If
you also understood that the
party was Saturday night and
that the main dish was **chiles
de Nogada,** you're really with
it! Now let's watch Laura and
Juanita as they shop in the
market.

Laura: ¡Ah! ¡Mira sí! Oiga, señorita,
mire este, ¿cómo se llama?

Señorita: Costeño.

Laura: Costeño.

Juanita: Costeño. Ah, mire, pasillo seco
[sic].

Laura: Mire, sí. Yo éste no lo había
visto Juanita, ¿no? No lo
conocía.

Juanita: Ay, no.

Laura: ¿Sabe qué? Deme del [sic]
pasilla, del ancho y del huajillo.

Juanita: Nada más 100 gramos.

Laura: Cien gramos. También un
cascabel, por favor.

Juanita: Mire, ahí hay nueces y piñón.
De una vez llevamos, ¿no?

Laura: Ah, y de una vez nueces y
piñones para los chiles de
Nogada. Bueno... deme pasilla,
del ancho, chile ancho,
también... cien gramos.

Juanita: También cascabel, señora.

Laura: Cascabel también. Deme cien
gramos.

Juanita: Ah, pide el chile molito también
para después.

Laura: ¡Ah! Y el chile molito también
para las salsas. ¡Qué rico!

Escuchemos otra vez

Narrator: Now you're ready to watch the
entire scene. Before we begin,
keep the following questions in
mind:

* How many people are coming to
dinner?
* What cultural similarities and
differences did you notice?

Laura: ¡Ay, Juanita! ¡Se me olvidó que
hoy es sábado y en la noche
tenemos invitados!

Juanita: ¡De veras!

Laura: Va a venir un amigo de Marcos,
su esposa, mi amiga Cristina,
su novio, el señor y yo... somos
seis... ¿qué hacemos de cenar?

Juanita: ¿Qué le parece unos chiles de
Nogada? Es un platillo bien
rico y al señor le encanta...

Laura: Ah, bueno, está muy bien. ¿Con
arroz?

Juanita: Sí. Un arroz verde. Le echamos unos chicharitos...

Laura: Bueno, bueno, arroz... eh, ¿de ensalada?

Juanita: Ah, pues una ensalada verde: le echamos berros y apio.

Laura: Ah, bueno, OK. Pero la vinagreta me la haces aparte porque no a todos les gusta. Ah, ¿y de postre, Juanita?

Juanita: Unos chongos zamoranos.

Laura: ¡Ah, muy bien! Así aprovechamos la leche. Déjame apuntar lo que necesitamos. A ver, dime.

Juanita: Sí, mire: para los chiles, carne molida y nueces.

Laura: ¿Ya tenemos todos los condimentos?

Juanita: Ya, ya. Nada más nos faltan unas granadas, piñón y un poco de crema.

Laura: ¿Ya se acabó la crema?

Juanita: Ya, nada más queda una lata.

Laura: Bueno, me traes, pero de la suelta porque es más espesa. Granadas, piñones...

❁   ❁   ❁   ❁   ❁   ❁

Laura: ¡Ah! ¡Mira sí! Oiga, señorita, mire este, ¿cómo se llama?

Señorita: Costeño.

Laura: Costeño.

Juanita: Costeño. Ah, mire, pasillo seco [sic].

Laura: Mire, sí. Yo éste no lo había visto Juanita, ¿no? No lo conocía.

Juanita: Ay, no.

Laura: ¿Sabe qué? Deme del [sic] pasilla, del ancho y del huajillo.

Juanita: Nada más 100 gramos.

Laura: Cien gramos. También un cascabel, por favor.

Juanita: Mire, ahí hay nueces y piñón. De una vez llevamos, ¿no?

Laura: Ah, y de una vez nueces y piñones para los chiles de Nogada. Bueno... deme pasilla, del ancho, chile ancho, también... cien gramos.

Juanita: También cascabel, señora.

Laura: Cascabel también. Deme cien gramos.

Juanita: Ah, pide el chile molito también para después.

Laura: ¡Ah! Y el chile molito también para las salsas. ¡Qué rico!

- Fin de Capítulo 10

Capítulo 11 Vamos a tomar el metro

Objetivos

- Buying a ticket
- Taking the subway in Mexico

Narrator: As you watch this chapter of the video, you're going to learn how to buy a subway ticket and how to take the subway in Mexico City. The subway in Mexico is somewhat different from the subway systems in most major cities here in the United States. What makes the Mexican subway special or different is that its stations are fairly new and there are often pieces of artwork displayed within the stations. In addition to its visual appeal, the Mexican subway is an economic and efficient way to travel.

La cultura

Entrevistadora: Buenas tardes, ¿cómo te llamas?

José Rodríguez: José Amaury Rodríguez Ortiz.

Entrevistadora: ¿Para qué viniste a la estación de [...]?

José Rodríguez: Vine porque viajé a Toluca.

Entrevistadora: Y ¿a qué motivo?

José Rodríguez: Eh ... A visitar unos parientes.

Entrevistadora: Ajá. ¿Tú viajas frecuentemente en autobús?

José Rodríguez: Eh, no. Regularmente no lo hago.

Entrevistadora: ¿En qué viajas?

José Rodríguez: En camión. Eh ... el caminante.

Entrevistadora: ¿Tú me puedes describir cuánto ... ¿cómo fue tu viaje? ¿Cuánto costó? ¿Cuánto tiempo tardaste?...

José Rodríguez: Sí. Son cuarenta y cinco minutos regularmente. Eh... cuesta doce pesos el viaje. Es cómodo, realmente.

Narrator: During this interview, José Rodríguez explains that he likes to travel by **camión** or **autobús.** Just as in Madrid, in Mexico City the bus is a cheap, comfortable, and a reliable way to travel, whether you're getting around locally or traveling long distance. In Mexico City, the subway is still the quickest and cheapest mode of transportation. Many commuters choose to travel underground. In Mexico, it's actually quite pleasant, and if you're observant and have some free time, you might get to see an art exhibit while you travel. Of course, the subway would only be an option when traveling within the city limits, for example, for commuting to and from work or school, or for going out shopping. For more extended travel, the **camión** would be the most popular choice.

El vocabulario esencial

Narrator: Now let's take a look at some new words and expressions that you're going to hear during the following scene in the metro.

- **la estación del metro** *subway station*

Laura: Estamos aquí, en *la estación del metro* de Bellas Artes. Ahora voy a tomar el metro…

- **hacia** *towards*

Laura: Ahora voy a tomar el metro en la línea 2 de Cuatro Caminos para bajarme en Tacuba y transbordar en la… *hacia* la estación línea 7 que va a Barranca del Muerto y bajarme en el Auditorio que es adónde voy.

- **bajarme** *to get off*

Laura: Ahora voy a tomar el metro en la línea 2 de Cuatro Caminos para *bajarme* en Tacuba y transbordar en la… hacia la estación línea 7 que va a Barranca del Muerto y bajarme en el Auditorio, que es adónde voy.

- **pasillos** *hallways*

Laura: Aquí en la Ciudad de México, en el Distrito Federal, el metro, casi todos sus *pasillos* tienen exposiciones artísticas.

- **taquilla** *ticket booth*

Laura: Ahora voy a comprar mi boleto en la *taquilla*.

Vamos a escuchar

- Organize information so that you can remember more easily.
- You can organize information through association, note taking, or categorization.

Narrator: In order to fully understand new information, it helps to organize it in a way that's easy to remember. Organizing information through association, taking notes, or categorization can help you keep details in order and remember them efficiently. As you listen to this video segment, use the following questions to help you organize information:

- Where is Laura going?
- How many different lines will she take?

- Where does she buy her ticket?

Narrator: Now let's practice by viewing the video segment once through. Remember to practice your powers of observation.

Laura: Estamos aquí, en la estación del metro de Bellas Artes. Ahora voy a tomar el metro. Ahora voy a tomar el metro en la línea 2 de Cuatro Caminos para bajarme en Tacuba y transbordar en la… hacia la estación línea 7 que va a Barranca del Muerto y bajarme en el Auditorio que es adónde voy.

Aquí en la Ciudad de México, en el Distrito Federal, el metro, casi todos sus pasillos tienen exposiciones artísticas. Ahora voy a comprar mi boleto en la taquilla.

Escuchemos otra vez

Narrator: Now you're ready to watch the entire scene. Before we begin, let's keep the following questions in mind:

- Where does Laura purchase her ticket?
- What stop is Laura's final destination?

Laura: Estamos aquí, en la estación del metro de Bellas Artes. Ahora voy a tomar el metro. Ahora voy a tomar el metro en la línea 2 de Cuatro Caminos para bajarme en Tacuba y transbordar en la… hacia la estación línea 7 que va a Barranca del Muerto y bajarme en el Auditorio que es adónde voy.

Aquí en la Ciudad de México, en el Distrito Federal, el metro, casi todos sus pasillos tienen exposiciones artísticas. Ahora voy a comprar mi boleto en la taquilla.

- Fin de Capítulo 11

Capítulo 12 ¿Cómo vamos?

Narrator: In this chapter of the video, we're going back to Spain to meet Miguel's aunt, Carmen. Carmen lives in Sevilla, in Southern Spain, and is trying to organize a trip to Madrid to visit her nephew. In the following scene, Carmen will make plans with a travel agent to go to Madrid. You'll also learn how to make reservations.

Objetivos

- Making reservations at the travel agency
- What is the **AVE?**

Narrator: Carmen decides to travel on a train called the **AVE,** short for **Alta Velocidad España.** The acronym **AVE,** meaning *bird*, is well chosen to symbolize the train's high speed travel.

La cultura

Entrevistadora: ¿Cómo te llamas?

Fernando: Fernando.

Entrevistadora: Y eres de … ¿de dónde eres?

Fernando: Soy de Sevilla.

Entrevistadora: ¿De Sevilla? … ¿O sea que has venido en el … en el AVE?

Fernando: Exactamente. He venido en el AVE. Vengo a una feria de aquí de alimentación de Madrid, que se llama IFEMA … y bueno, me voy … vuelvo a Sevilla el sábado.

Entrevistadora: Ajá … O sea que vas a estar poquitos días.

Fernando: Sí, voy a estar sólo dos días.

Entrevistadora: Ajá … ¿y qué tal se viaja en el AVE?

Fernando: En el AVE … fenomenal … la verdad que desde que se puso el AVE entre Sevilla y Madrid viajar es mucho mas cómodo.

Entrevistadora: Ajá … ¿cuánto has tardado más o menos?

Fernando: Dos horas y cuarenta minutos pero porque ha hecho tres paradas … hay otro AVE que tarda dos horas y cuarto porque para sólo una vez.

Entrevistadora: Ajá … dos horas y cuarto.

Fernando: Exactamente.

Entrevistadora: ¿Y el servicio, ¿qué tal?

Fernando: El servicio … bueno … la verdad es que como es poco tiempo el servicio … pues … simplemente te tomas un café y haces pocas cosas más y charlas con el …

Entrevistadora: Ajá.

Fernando: … con las personas que te vas encontrando, ¿no?

Narrator: During this interview, Fernando explains that the **AVE** between **Sevilla** and **Madrid** is the best way to travel between the two cities: it's fast, but not so fast that you can't see the scenery along the way, chat with some friends, or read a book.

Although the **AVE** is perhaps a more expensive choice than other available trains, it's very comfortable and more convenient than flying between the two cities. Traveling by train also offers the advantage of sightseeing. There is a lot of lovely scenery between **Andalucía** and **Castilla de la Mancha,** the two provinces where **Sevilla** and **Madrid** are located. Have you ever traveled by train?

El vocabulario esencial

Narrator: Now let's take a look at some new words and expressions that you're going to hear during the following scene at the travel agent's office.

* **quisiera** *I would like*
Agente: ¡Hola! ... ¡Buenos días!
Carmen: A ver ... yo quiero ir a Madrid el día ... 24, que es jueves, con vuelta el sábado ... 25 y 26 ... *Quisiera* ir en AVE ... y ... llegar el jueves por la mañana como a las diez, aproximadamente.
Agente: Como a las diez.
* **viajan** *travel*
Agente: ¿Cuántas personas viajan?
Carmen: Una. En no fumadores, por favor.
* **no fumadores** *no smoking section*
Agente: ¿Cuántas personas viajan?
Carmen: Una. En *no fumadores,* por favor.
* **el precio** *price*
Carmen: ¿Me dice *el precio* por favor de ida y vuelta?
Agente: En el AVE hay tres *precios* distintos ... tres categorías distintas...
* **clase turista** *tourist class*
Carmen: ¿Me dice el precio por favor de ida y vuelta?
Agente: En el AVE hay tres precios distintos ... tres categorías distintas ... *clase turista* cuesta 9.100 pesetas por cada trayecto ... en preferente 12.800, también cada trayecto y en club,

16.500 ... cualquiera de ellas es muy cómoda.

Vamos a escuchar

* You make inferences based on background information and visual cues.

Narrator: When you make inferences, you come to a conclusion about something. You usually base this conclusion on previous experience added to new information you've seen or heard. As you watch this video segment, keep in mind what you already know about making travel reservations. After watching you should be able to infer where Carmen is, what mode of transportation she prefers, and where Carmen is going.

* Where Carmen is
* What mode of transportation she prefers
* Where Carmen is going

Carmen: ¡Hola!

Agente: ¡Hola! ... ¡Buenos días!

Carmen: A ver ... yo quiero ir a Madrid el día ... 24, que es jueves, con vuelta el sábado ... 25 y 26 ... Quisiera ir en AVE ... y ... llegar el jueves por la mañana como a las diez, aproximadamente.

Agente: Como a las diez ... Vamos a ver qué tren sale a esa hora .... Hay un AVE que sale de Sevilla a las 8:00 de la mañana y llega a Madrid a las 10:15.

Carmen: Ah, perfecto.
Agente: ¿Cuántas personas viajan?

Carmen: Una. En no fumadores, por favor.

Agente:	El regreso el día 26 ... ¿a qué hora quería salir de Madrid?		Carmen:	A ver ... yo quiero ir a Madrid el día ... 24, que es jueves, con vuelta el sábado ... 25 y 26 ... Quisiera ir en AVE ... y ... llegar el jueves por la mañana como a las diez, aproximadamente.
Carmen:	Pues para salir de Madrid como a las 19 horas aproximadamente.			
Agente:	Sale un tren y llega a Sevilla a las 21:30.			
Carmen:	Ah ... muy bien.... Eh ... ¿Me dice el precio por favor de ida y vuelta?		Agente:	Como a las diez ... Vamos a ver qué tren sale a esa hora .... Hay un AVE que sale de Sevilla a las 8:00 de la mañana y llega a Madrid a las 10:15.
Agente:	En el AVE hay tres precios distintos ... tres categorías distintos ... clase turista cuesta 9.100 pesetas por cada trayecto ... en preferente 12.800, también cada trayecto y en club, 16.500 ... cualquiera de ellas es muy cómoda.		Carmen:	Ah, perfecto.
			Agente:	¿Cuántas personas viajan?
			Carmen:	Una. En no fumadores, por favor.
			Agente:	El regreso el día 26 ... ¿a qué hora quería salir de Madrid?
Carmen:	Pues casi me quedo con la turista.		Carmen:	Pues para salir de Madrid como a las 19 horas aproximadamente.
Agente:	Ajá. Muy bien.		Agente:	Sale un tren y llega a Sevilla a las 21:30.
Carmen:	¿El pago lo puedo hacer con tarjeta American Express?		Carmen:	Ah ... muy bien.... Eh ... ¿Me dice el precio por favor de ida y vuelta?
Agente:	Sí, por supuesto.			
Narrator:	You should have been able to infer that Carmen is in a travel agency and that she is making reservations to travel on the **AVE** from Sevilla to Madrid.		Agente:	En el AVE hay tres precios distintos ... tres categorías distintos ... clase turista cuesta 9.100 pesetas por cada trayecto ... en preferente 12.800, también cada trayecto y en club, 16.500 ... cualquiera de ellas es muy cómoda.

Escuchemos otra vez

Now you're ready to watch the entire scene. Before we begin, let's keep the following questions in mind:

- What are the specific dates of Carmen's travel plans?
- How long does she want to stay in Madrid?
- What method of payment does she use?

Carmen:	¡Hola!		Carmen:	Pues casi me quedo con la turista.
Agente:	¡Hola! ... ¡Buenos días!		Agente:	Ajá. Muy bien.
			Carmen:	¿El pago lo puedo hacer con tarjeta American Express?
			Agente:	Sí, por supuesto.

- Fin de Capítulo 12

Unidad 4 Vistas de México

México, que es parte de la América del Norte, es un país de muchas variaciones topográficas y culturales. La agricultura es importante a la economía mexicana. Los mexicanos crían frutas, vegetales, maíz, café y más para exportar y para el consumo doméstico. Otra industria importante es la ganadería. Los españoles introdujeron la cría de ganado en México en lo que ahora es el oeste de los Estados Unidos y así el español tuvo mucho impacto en el lenguaje de los *cowboys* de este país. Por ejemplo, la palabra *buckeroo* se deriva de **vaquero.**

Las artesanías tradicionales siguen importantes y populares en México. En los pueblos se hacen piñatas, alfarería de varios tipos, juguetes, artículos de cuero, tejidos, muebles y más. Los artesanos aprenden este trabajo de sus padres y abuelos.

La capital de México es la Ciudad de México, también llamada el Distrito Federal o el D.F. Es la ciudad más grande del mundo, con unos 22 millones de habitantes, y tiene de todo. Hay mercados y museos, parques y plazas, catedrales y rascacielos. Con razón el D.F. tiene el sistema de metro más grande del mundo. El metro es muy rápido y eficiente.

Los mexicanos son orgullosos de las raíces indígenas de su gente y su cultura. Los dos grupos indígenas más conocidos de México son los aztecas y los mayas. Los aztecas tuvieron su imperio en el centro de México y la Ciudad de México está construida sobre las ruinas de la capital azteca. Todavía se ven sus pirámides en el área. Los mayas también construyeron pirámides y otras estructuras en la Península Yucatán y los estados del sudeste de México.

Los mariachis son una tradición única de México. Estos grupos musicales llevan trajes especiales y tocan en restaurantes, fiestas y bodas. Su música puede ser alegre o triste pero en todo caso es una parte muy querida de la vida mexicana. Aquí se juega al jai alai, un juego rápido y peligroso que es muy popular en el Caribe y en México. Los mexicanos también son aficionados al fútbol y a muchos otros deportes.

México, con sus encantos tradicionales y sus muchos atractivos modernos, ¡es un país no se debe perder!

• Fin de Unidad 4

Capítulo 13 Los pasatiempos

Narrator: Do you have a favorite hobby? What do you like to do with your free time? What did you do last weekend? Did you go out with your friends to a movie or a restaurant? Did you spend time with your family at home or outdoors?

Objetivos

- Focus on verbs
- How to describe events in the past tense
- Listen for familiar vocabulary and verbs

Narrator: In this chapter of the video, you're going to focus on verbs. The people being interviewed describe actions which took place in the past. Don't be concerned with memorizing the verb forms at this stage, simply listen for familiar vocabulary and verbs. Remember, the only difference now is that the verb forms are in the past. Let what you already know help you to better understand the conversation.

La cultura

Entrevistadora: Oye, y este… por ejemplo, cuéntame, ¿qué hiciste este fin de semana pasado?

Niña: Um … me fui al parque.

Entrevistadora: Y ¿qué piensas hacer el otro fin de semana?

Niña: Mmm. Pienso ir al museo del Fortalote.

Entrevistadora: ¿Con quién?

Niña: Con mis papás.

Entrevistadora: Muy bien. Oye, y este … ¿tienes algún pasatiempo, algún hobby?

Niña: Umm. Sí, escuchar música.

Narrator: In this interview, the young woman tells us that she went to the park with her family last weekend and that next weekend she'll be going to a museum with her parents. Do you spend a lot of free time with your family? What do you all do together and how often? In Spanish-speaking cultures, time spent with one's family is very important, and although young people have plenty of time to spend socializing with their friends, much time is devoted to **la familia.** Aside from family time, what do young people do? You'll discover that their leisure time is spent much like your own: listening to music, talking on the phone, going shopping, playing sports, et cetera.

El vocabulario esencial

Narrator: Now let's take a look at some new words and expressions that you're going to hear during the following interviews.

- **nos sentamos** *we sat down*

Niño: Fui al parque con unos … con un amigo. Empezamos a jugar fútbol también y fuimos a los bosques y estuvimos mmm… platicando. Y luego, *nos sentamos* e hicimos como nuestro día de campo.

- **¿qué hiciste tú?** *What did you do?*

Entrevistadora: Oye, y … este … por ejemplo, cuéntame, *¿qué hiciste tú* el fin de semana pasado?

Niña: Um, me fui al parque.

- **el fin de semana pasado** *last weekend*

Entrevistadora: Y ¿qué hiciste tú el fin de semana pasado?

Martín: Este, hice mi tarea, fui a jugar, me … me fui al parque.

- **estuvimos en** *We were at*

Señor: La semana pasada *estuvimos en* una reunión infantil. Uno de los sobrinos de mi esposa cumplió tres años. Le hicimos su misa de presentación. E hicieron una obra de teatro.

- **cumplió tres años** *turned three years old*

Señor: Uno de los sobrinos de mi esposa *cumplió tres años.* Le hicimos su misa de presentación. E hicieron una obra de teatro.

Vamos a escuchar

- Associating words and activities with verbs helps to retain information.

Narrator: Associating words with activities or recognizing the stems of verbs will help strengthen your ability to retain vocabulary. It should also help you to recognize familiar vocabulary and, therefore, provide a context for the words.

In your study of Spanish this year, you've already learned many new words, some of which have English cognates and some of which relate to other words you know in Spanish. Be aware that you will also hear unfamiliar verb forms. Try to figure out which actions these verbs are describing, and make educated guesses as to what these new irregular verb forms

might mean. For example, if you heard **fuimos al parque,** you might guess that **fuimos** means *we went.*

- **fuimos** *we went*

Narrator: As you watch the first scene, try to focus your attention not only on what Martín likes to do, but more specifically, what he did last weekend:

Martín: Me llamo Martín. Tengo diez años y me gusta jugar fútbol, me gusta ir al parque, me gusta ir a los cines. Y …me … me gusta salir con mis papás y vengo de campamentos con los del Ejército de Salvación. Voy los sábados y me divierto.

Entrevistadora: Y… ¿tienes algún pasa-tiempo? Así, … este … algo que … un hobby, algo que te gusta en especial, así.

Martín: Sí, me gusta el fútbol, pero también me gustan las películas de terror y las caricaturas…

Entrevistadora: Ajá. Y ¿qué hiciste tú [sic] fin de semana pasado?

Martín: Este, hice mi tarea, fui a jugar, me … me fui al parque.

Entrevistadora: Y ¿el otro fin de semana qué vas a hacer?

Martín: Pienso ir a jugar fútbol e irme con mis papás … al cine.

Entrevistadora: Ajá. Muy bien. Muchas gracias, Martín.

Narrator: If you understood that he likes going to the movies and out with his parents, you're right. If you also understood that last weekend he did his homework and went to the park, you're really catching on.

Escuchemos otra vez

Narrator: Now you're ready to watch the interviews in their entirety. Before we begin, keep the following questions in mind:

- What do different people like to do with their free time?
- Does age play a role in how people spend their free time?

Martín: Me llamo Martín. Tengo diez años y me gusta jugar fútbol, me gusta ir al parque, me gusta ir a los cines. Y … me … me gusta salir con mis papás y vengo de campamentos con los del Ejército de Salvación. Voy los sábados y me divierto.

Entrevistadora: Y… ¿tienes algún pasatiempo? Así, … este … algo que … un hobby, algo que te gusta en especial, así.

Martín: Sí, me gusta el fútbol, pero también me gustan las películas de terror y las caricaturas...

Entrevistadora: Ajá. Y ¿qué hiciste [sic] fin de semana pasado?

Martín: Este, hice mi tarea, fui a jugar, me … me fui al parque.

Entrevistadora: Y ¿el otro fin de semana qué vas a hacer?

Martín: Pienso ir a jugar fútbol e irme con mis papás … al cine.

Entrevistadora: Ajá. Muy bien. Muchas gracias, Martín.

❀   ❀   ❀   ❀   ❀   ❀

Entrevistadora: Y ¿me puede decir qué hizo su fin de semana pasado?

Señor: La semana pasada estuvimos en una reunión infantil. Uno de los sobrinos de mi esposa cumplió tres años. Le hicimos su misa de presentación. E hicieron una obra de teatro.

❀   ❀   ❀   ❀   ❀   ❀

Entrevistadora: Y cuéntame, por ejemplo, ¿qué hiciste este fin de semana pasado? El sábado y el domingo.

Niño: Uhm, fui al parque con unos … con un amigo. Empezamos a jugar fútbol también y fuimos a los bosques y estuvimos mmm … platicando. Y luego, nos sentamos e hicimos como nuestro día de campo. Y mi mamá nos daba las papas y eso.

❀   ❀   ❀   ❀   ❀   ❀

Entrevistadora: ¿Qué hiciste en tu fin de semana pasado?

Joven: Eh, pues, ver un poco televisión, salir en la noche con amigos y jugar al básquetbol, que es lo que … lo que me gusta y es todo.

❀   ❀   ❀   ❀   ❀   ❀

Entrevistadora: Y, ¿qué hiciste por ejemplo el fin de semana pasado?

Señorita: El fin de semana pasado, pues divertirme con mis amigos. La disco, el baile, el reventón.

Entrevistadora: Muchas gracias.

Señorita: No hay de qué. Hasta luego.

- Fin de Capítulo 13

Capítulo 14 Actividades deportivas

Narrator: How do you stay in shape? Do you belong to one of your school's athletic teams or do you work out in a gym? Perhaps you simply do some of the more individual sports like skiing, hiking, or tennis. In this chapter of the video, we're going to visit a health club in Madrid and get a better understanding of why people work out in Spain. Is it to stay healthy or thin? Or is it to do cardiovascular training and/or to build muscle? Perhaps it's for all of these reasons, or just one, depending on the person who's working out.

Objetivos

- Sports and gym vocabulary
- Reasons people work out

Narrator: There will be a lot of new vocabulary relating to sports and the gym in this chapter of the video. Remember to listen for cognates to help you better understand the interviews. Also, try to focus on the different reasons why people work out.

La cultura

Narrator: Let's listen to the following scene as Paloma describes why she goes to the gym.

Entrevistador: ¿Y qué haces aquí?

Paloma: Pues ... haciendo gimnasia para el verano ... para tener mejor tipo para el bañador, vamos.

Entrevistador: ¿Y vienes a menudo?

Paloma: Todos los días.

Entrevistador: ¿Sí?... ¿De qué hora hasta qué hora?

Paloma: De una a tres.

Entrevistador: Ajá... ¿Y qué tipo de ejercicio sueles hacer?

Paloma: Pues ... primero aeróbicos y bicicleta ... escalera de ésta ... correr y luego ya de piernas y tripa, como abdominales, y yo qué sé ... sentadilla de ... todo lo que sea para perder de aquí para abajo, vamos.

Entrevistador: Ajá... ¿Y cuál es el que más te gusta?

Paloma: Bicicleta.

Entrevistador: ¿A sí? ... ¿En qué consiste?

Paloma: Pues ... está estacionada en la bicicleta, dando pedales y todo eso pues te ayuda a circular la circulación ... y a ... luego, es el que me parece el más cómodo y el que más rato puedo estar ... seguido.

Entrevistador: Ajá, bueno pues, nada ... muchas gracias.

Paloma: De nada.

Narrator: Did you understand why and when Paloma goes to the gym? What kind of exercise does Paloma do at the gym? Were any of the reasons for her workout different than why you might go to the gym? Probably not.

Madrid is a modern, cosmopolitan city and its citizens are as concerned about their health and physical appearance as we are. However, the health and fitness revolution is fairly new to Spain. Many gyms have just opened in the past five years, and although some dedicated health buffs worked out before that, it has become much more of a trend to work out in a gym or to do **trekking** or **footing** to stay in good shape.

El vocabulario esencial

Narrator: Now let's take a look at some new words and expressions that you're going to hear during the following interviews.

- **hacer gimnasia** *working out*

Entrevistador: ¿Y qué haces aquí?

Paloma: Pues ... *haciendo gimnasia* para el verano ... para tener mejor tipo para el bañador, vamos.

- **peso** *weight*

José: ...con ejercicios muy básicos para que repeticiones altas y con poco *peso* ... para que se vayan acostumbrando al *peso* y más adelante, pues, se van variando las tablas y los ejercicios un poquito.

- **ritmo de vida** *the pace of life*

José: Yo pienso, pienso, que eso, eso es un factor muy importante ... y luego también es por el ... por *el ritmo de vida* que llevan, ¿sabes?

- **se estresa** *you get stressed out*

José: ...el ritmo de vida, el trabajo y tal *se estresa* mucho y aquí vienen y se ... o ... se desahogan ... sabes... Sueltan todo el estrés con las máquinas.

- **rompí la rodilla** *I broke my knee*

Roberto: Pues gimnasia ... gimnasia. Porque *me rompí la rodilla* hace años jugando y desde el ochenta

y ocho pues ... necesito hacer gimnasia.

- **mantenerme un poco en forma** *to keep myself in shape*

Señorita: Pues venía para *mantenerme un poco en forma* y endurecer y adelgazar un poco también.

- **endurecer y adelgazar** *to strengthen and lose weight*

Señorita: Pues venía para mantenerme un poco en forma y *endurecer y adelgazar* un poco también.

Vamos a escuchar

- Taking notes helps you listen and write better
- Who goes to the gym

Narrator: Let's move on now to a short lesson on taking notes while you listen. When you listen to a series of interviews, you're likely to hear many varied comments and responses. In some instances, remembering the information can be a challenge. Writing down important information will help you keep track of what you've heard. Taking notes also helps you to focus on two important language skills at the same time: listening and writing. Now let's practice your listening and writing skills while viewing the interviews at the gym. Listen as the personal trainer of the gym, José, describes who goes to the gym.

Entrevistadora: El ... el tipo de público que viene aquí ... ¿qué tipo de público suele ser ... hombres, mujeres, mayores ... ?

José: Pues mira, de todo, de todo ... además ahorita, gracias a Dios, está cambiando porque antiguamente venían mucho hombres. Era un deporte masculino y hoy, gracias a Dios, es un deporte más ya mixto. Cada día hay más chicas que se animan más a hacer este tipo de deporte y viene, pues todo tipo de gente … gente de barrio sobre todo … porque les pide ir al gimnasio, etcétera...

Narrator: Did your notes include some of the following information?

* Deporte masculino antes
* Ahora, es deporte más mixto
* Cada día hay más chicas

Escuchemos otra vez

Narrator: Now you're ready to watch the interviews in their entirety. Before we begin, keep the following question in mind:

* Why do these people go to the gym?

Entrevistadora: ¡Hola!

José: ¿Qué hay? ¿Qué tal?

Entrevistadora: ¿Cómo te llamas?

José: Yo me llamo José.

Entrevistadora: Y … ¿qué eres?…

José: Soy … pues el … pues el monitor de aquí del gimnasio.

Entrevistadora: Ajá… y cuál es … cuenta un poco la función de …

José: Pues mira … yo, bueno … pues primeramente … eh … asesoro un poquito … pues a la gente nueva … ¿sabes? Que no sabe de qué va … pues el deporte y la asesoro un poquito … entonces le digo pues lo que tiene que hacer, pues, al principio. Entonces … aquí funcionamos con, con tablas muy básicas durante los primeros meses … con ejer-

cicios muy básicos para que repeticiones altas y con poco peso … para que se vayan acostumbrando al peso y más adelante, pues, se van variando las tablas y los ejercicios un poquito. Y luego pues la gente que ha estado un poquito ya … un poquito ya más metida pues siempre hay que estar encima de ellos para que se haga mejor. Eh … ejercicios incorrectos … posiciones … entonces hay que estar un poquito encima de ellos. Pendientes.

Entrevistadora: Ajá … y …

José: Ésa es la misión aquí más o menos.

Entrevistadora: Ajá… el … el tipo de público que viene aquí … ¿qué tipo de público suele ser …hombres, mujeres, mayores … ?

José: Pues mira, de todo, de todo … además, ahorita, gracias a Dios, está cambiando, porque antiguamente venía mucho hombres. Era un deporte masculino y hoy, gracias a Dios, es un deporte más ya mixto. Cada día hay más chicas que se animan más a hacer este tipo de deporte y viene, pues todo tipo de gente … gente de barrio sobre todo … porque les pide ir al gimnasio, etcétera...

Entrevistadora: Y ¿cuál es el motivo principal por el que la gente viene aquí?

José: Pues el motivo principal … pues para … yo pienso … primeramente … porque como la, en la sociedad que vivimos …eh … eh, hoy en día se estila un cuerpo más … más marcado … más como más delgaditos … las mujeres igual … ahora quieren buenos tipos y tal … Yo pienso, pienso, que eso, eso es un factor muy importante… y luego también es por el … por el ritmo de vida que llevan … sabes … el ritmo de vida, el trabajo y tal se estresa mucho y aquí vienen y se … o, pues, o … se desahogan …sabes… Sueltan todo el estrés con las máquinas …

Entrevistadora: … Relajante.

José: Relajante, sí, la verdad es que … que relaja, incluso a nivel ya un poquito alto … pues … cuando entrenas te sientes muy bien.

❀ ❀ ❀ ❀ ❀ ❀

Entrevistadora: Buenos días, caballero.

Roberto: Buenos días.

Entrevistadora: ¿Cómo se llama?

Roberto: Roberto.

Entrevistadora: ¿Y qué hace aquí, Roberto?

Roberto: Pues gimnasia … gimnasia … por-que me rompí la rodilla hace años jugando y desde el ochenta y ocho pues … necesito hacer gimnasia.

Entrevistadora: ¿Sí? … ¿Todos los días?

Roberto: Que puedo.

❀ ❀ ❀ ❀ ❀ ❀

Entrevistadora: ¿Y cuál es el … tu objetivo … ¿Por qué … por qué vienes aquí?

Señorita: Pues venía para mantenerme un poco en forma y endurecer y adelgazar un poco también.

Entrevistadora: Ajá. ¿Vienes mucho tiempo al día? … ¿Cuánto … cuánto vienes … cuántas horas?

Señorita: Dos horas al día … todos los días menos los domingos que descanso.

- Fin de Capítulo 14

Capítulo 15 Dos deportes populares

Narrator: One of the most popular sports practiced in the Spanish-speaking world is **el fútbol. El fútbol** should not be confused with American football. It is the sport of soccer. This popular game that is played in high school clubs, as well as at universities, has many **aficionados. El fútbol** is also played professionally and is a sport taken quite seriously in the Spanish-speaking world.

Objetivos

- The role soccer plays in Mexican culture
- How players feel about soccer

Narrator: In this chapter of the video, you're going to hear what role soccer plays in Mexican culture. You will also learn how players feel about soccer at the university level.

La cultura

Narrator: In this scene, Laura asks some young men about their relationships with young women.

Laura: Uds., ¿cómo ven eh ... que les ayude el jugar fútbol, en la relación con las muchachas ... con las, con las compañeras universitarias? La ... los ... ¿sienten que a veces son los héroes y eso les permite mayor ligue con ellas ... o que los admiran por sus artes en el fútbol ... o que no pasa nada?

Joven A: Pues, es no se puede decir eso porque ya depende de la perso-nalidad de cada uno, ¿no? La relación o la habilidad que tengan para comunicarse con las muchachas. Pero... aquí en la universidad no, o sea, que obtengas algún beneficio con las muchachas por jugar, no. Y en algunas, yo he visto que es más, ¿no? Que van a ver más, y todo eso, pero aquí es muy poco. O sea, sí, sí lo hay, pero no por el hecho de que juegues en la selección de fútbol, o cualquier otro tipo de selección, ¿no?

Laura: Um hum. Y Uds., ¿cómo ven eso?...

Joven B: Sí, igual, este, comparto el punto de vista, ¿no? Es, o sea, no... no se da mucho que seamos realmente los ... los grandes deportistas de la universidad. No, no, no... No se nota, o sea, eh ... No se ve que ... que en otras universidades existe eso, que ... las mujeres van a ver mucho al equipo de fútbol. Aquí es, es muy poco, ¿no? O sea, la, realmente, no, no se da mucho.

Narrator: Laura wanted to know if being a **jugador de fútbol** helped these young soccer players form relationships with women. The young men agreed that being an athlete had no effect on their personal relationships. They agreed that each individual's personality is what is really important when forming relationships with women.

Team soccer is as important in Mexico, Europe, and Latin America as is basketball or football in the United States. The players take the sport

seriously and are highly
dedicated and competitive.

El vocabulario esencial

Narrator: Now let's take a look at some
new words and expressions that
you're going to hear during the
following interviews.

- **entrenador** *coach*

Laura: *Entrenador,* ¿Ud. desde cuándo
empezó a entrenar?

Javier: Bueno, yo soy ex-alumno de
aquí. Yo soy licenciado en derecho. Estudié mi carrera aquí,
siempre fui de la selección de
fútbol.

- **jugadores** *players*

Javier: Y por accidente, nos quitaron
un entrenador, no volvieron a
contratar a nadie y entre los
jugadores nos encargamos del
equipo y bueno, ya tengo nueve
años con el equipo.

- **entrenamos** *we practice*

Laura: ¿De qué hora a qué hora más o
menos, o qué tiempo le... ?

Javier: *Entrenamos* lunes, martes y
miércoles a las seis de la mañana, de seis a diez para las siete
y, después, de dos a casi cinco
de la tarde.

- **partidos** *games / matches*

Javier: Los sábados se tiene *partidos.*
Así que se entrena ... pues, en
horas promedio... estamos hablando de unas diez, doce horas
a la semana.

- **una beca** *a scholarship*

Joven C: Sí, al integrar a la univer...
digo, a la selección, este ...
tenemos posibilidad para cumplir *una beca,* que sería un ... de
un veinticinco a un cincuenta
por ciento.

- **nuestro promedio** *our average*

Joven C: Es dependiendo, aparte de
nuestro promedio en la escuela,
este, cumplir con los requisitos
de aquí, del fútbol, sería venir,

disciplina y todo lo que sería
fútbol.

- **los requisitos** *requirements*

Joven C: Es dependiendo, aparte de
nuestro promedio en la escuela,
este, cumplir con *los requisitos*
de aquí, del fútbol, sería venir,
disciplina y todo lo que sería
fútbol.

- **deportistas** *athletes*

Laura: ¿Y Uds., cómo ven eso?...

Joven B: Sí, igual, este, comparto el
punto de vista, ¿no? Es, o sea,
no... no se da mucho que
seamos realmente los ... los
grandes *deportistas* de la universidad, ¿no?

Vamos a escuchar

Narrator: Let's move on now to a short
lesson on awareness of cultural
differences and behaviors. In
this chapter of the video, you
should try to focus on becoming
more aware of meaningful
cultural behaviors within the
Spanish-speaking world, and in
this particular case, Mexico.
These behaviors may or may
not differ from your own, but
we've all heard the saying,
"When in Rome do as the
Romans do."

- Listening for culturally relevant
information allows you to observe
another culture.
- Observing another culture allows you
to understand meaningful cultural
behaviors.
- What cultural behaviors are similar or
different from cultural behaviors in
the U.S.?

This means that it is important
to observe and adopt the behaviors, as well as the language, of
another culture in order to fit
into the culture well. It's only
through careful observation

that you will begin to recognize and understand new and meaningful behaviors of another culture. You've already seen many cases of cultural behavior differences in previous chapters. Can you think of any? Let's listen to the students talk about soccer again and see what you can come up with.

Laura: Uds., ¿cómo ven eh … que les ayude el jugar fútbol, en la relación con las muchachas… con las, con las compañeras universitarias? La … los … ¿sienten que a veces son los héroes y eso les permite mayor ligue con ellas… o que los admiran por sus artes en el fútbol … o que no pasa nada?

Joven A: Pues, es no se puede decir eso porque ya depende de la personalidad de cada uno, ¿no? La relación o la habilidad que tengan para comunicarse con las muchachas. Pero… aquí en la universidad no, o sea, que obtengas algún beneficio con las muchachas por jugar, no. Y en algunas, yo he visto que es más, ¿no? Que van a ver más, y todo eso, pero aquí es muy poco. O sea, sí, sí lo hay, pero no por el hecho de que juegues en la selección de fútbol, o cualquier otro tipo de selección, ¿no?

Laura: Um hum. Y Uds., ¿cómo ven eso?…

Joven B: Sí, igual, este, comparto el punto de vista, ¿no? Es, o sea, no… no se da mucho que seamos realmente los … los grandes deportistas de la universidad. No, no, no… No se nota, o sea, eh … No se ve que… que en otras universidades existe eso, que… las mujeres van a ver mucho al equipo de fútbol. Aquí es, es muy poco, ¿no? O sea, la, realmente, no, no se da mucho.

Laura: Um hum. Y ¿tienen Uds. alguna beca, alguna, este compensación económica por, por los partidos que tienen, o … cómo funciona esto?

Joven C: Sí, al integrar a la univer… digo, a la selección, este … tenemos posibilidad para cumplir una beca, que sería de un veinticinco a un cincuenta por ciento. Es dependiendo, aparte de nuestro promedio en la escuela, este, cumplir con los requisitos de aquí, del fútbol, sería venir, disciplina y todo lo que sería fútbol, y aparte, cumplir con el promedio de la escuela.

Laura: Ajá. Y ¿cuál es, este, el promedio que les exigen, mínimo?

Joven A: El promedio es de ocho, pero, o sea, no, no se le da … a por la, la beca a cualquiera, ¿no? O sea, tienes que tener ciertas, o sea, llenar los requisitos, ¿no? Que son el tener ocho, ocho cinco promedio, arriba de ocho cinco, cumplir en la selección, no faltar, y o sea, sobre todo disciplina, ¿no?, que es lo que te exigen. No se le … no se le da a cualquiera, pues. Y… O sea, muchas veces, entiende, ¿no? Que estamos, o mal entiende la gente, de que estamos aquí por las becas… Son muy pocos los seleccionados que tienen beca, por lo mismo, ¿no? Que no es, no es tan fácil obtenerla.

Laura: Ajá. Digamos ¿del, del conjunto de la selección, del, del general, más o menos cuántos estarán becados?

Joven A: Deben estar … digo que la mitad… un poquito más. Y…

pero te repito, están becados porque se lo han ganado, ¿no? Y más que nada, o sea, viene la gente a jugar, no por la beca, sino porque le gusta el fútbol, ¿no? Y es lo primero que se pide: que te guste el fútbol y por consecuencia viene la beca, ¿no? Si es que te la ganas…

Joven B: El fútbol en nuestra sociedad es muy importante, ¿no? … eh … Es un deporte que viene de cultura, ¿no? … eh. A todos los estratos sociales llega … eh … y … y es un factor que influye mucho en la sociedad de … eh … Yo creo que es el principal deporte que existe en México y al cual este … se le da la mayor promoción, ¿no? Entonces … eh … el fútbol es … es parte de, de la cultura en, en gran medida de … la sociedad, ¿no? … mexicana.

Narrator: If you figured out that the main cultural difference here is the grading system, 1 to 10 instead of A to F, **¡Felicitaciones!** What else did you notice?

Escuchemos otra vez

Narrator: Now you are ready to watch the entire interview. Before we begin, let's keep the following questions in mind:

- Is it easy to earn a scholarship?
- What kind of dedication to the sport must the players exhibit?
- What role does soccer play in Mexican society today?

Laura: Uds., ¿cómo ven eh … que les ayude el jugar fútbol, en la relación con las muchachas… con las, con las compañeras universitarias? La … los … ¿sienten que a veces son los héroes y eso les permite mayor

ligue con ellas… o que los admiran por sus artes en el fútbol … o que no pasa nada?

Joven A: Pues, es no se puede decir eso porque ya depende de la personalidad de cada uno, ¿no? La relación o la habilidad que tengan para comunicarse con las muchachas. Pero… aquí en la universidad no, o sea, que obtengas algún beneficio con las muchachas por jugar, no. Y en algunas, yo he visto que es más, ¿no? Que van a ver más, y todo eso, pero aquí es muy poco. O sea, sí, sí lo hay, pero no por el hecho de que juegues en la selección de fútbol, o cualquier otro tipo de selección, ¿no?

Laura: Um hum. Y Uds., ¿cómo ven eso?…

Joven B: Sí, igual, este, comparto el punto de vista, ¿no? Es, o sea, no… no se da mucho que seamos realmente los … los grandes deportistas de la universidad. No, no, no… No se nota, o sea, eh … No se ve que… que en otras universidades existe eso, que… las mujeres van a ver mucho al equipo de fútbol. Aquí es, es muy poco, ¿no? O sea, la, realmente, no, no se da mucho.

Laura: Um hum. Y ¿tienen Uds. alguna beca, alguna, este compensación económica por, por los partidos que tienen, o … cómo funciona esto?

Joven C: Sí, al integrar a la univer… digo, a la selección, este … tenemos posibilidad para cumplir una beca, que sería de un veinticinco a un cincuenta por ciento. Es dependiendo, aparte de nuestro promedio en la escuela, este, cumplir con los requisitos de aquí, del fútbol, sería venir, disciplina y todo lo que sería fútbol, y aparte, cumplir con el promedio de la escuela.

Laura: Ajá. Y ¿cuál es, este, el promedio que les exigen, mínimo?

Joven A: El promedio es de ocho, pero, o sea, no, no se le da … a por la, la beca a cualquiera, ¿no? O sea, tienes que tener ciertas, o sea, llenar los requisitos, ¿no? Que son el tener ocho, ocho cinco promedio, arriba de ocho cinco, cumplir en la selección, no faltar, y o sea, sobre todo disciplina, ¿no?, que es lo que te exigen. No se le … no se le da a cualquiera, pues. Y… O sea, muchas veces, entiende, ¿no? Que estamos, o mal entiende la gente, de que estamos aquí por las becas… Son muy pocos los seleccionados que tienen beca, por lo mismo, ¿no? Que no es, no es tan fácil obtenerla.

Laura: Ajá. Digamos ¿del, del conjunto de la selección, del, del general, más o menos cuántos estarán becados?

Joven A: Deben estar … digo que la mitad… un poquito más. Y… pero te repito, están becados porque se lo han ganado, ¿no? Y más que nada, o sea, viene la gente a jugar, no por la beca, sino porque le gusta el fútbol, ¿no? Y es lo primero que se pide: que te guste el fútbol y por consecuencia viene la beca, ¿no? Si es que te la ganas…

Joven B: El fútbol en nuestra sociedad es muy importante, ¿no? … eh … Es un deporte que viene de cultura, ¿no? … eh. A todos los estratos sociales llega … eh … y … y es un factor que influye mucho en la sociedad de … eh … Yo creo que es el principal deporte que existe en México y

al cual este … se le da la mayor promoción, ¿no? Entonces … eh … el fútbol es … es parte de, de la cultura en, en gran medida de … la sociedad, ¿no? … mexicana.

❀   ❀   ❀   ❀   ❀   ❀

Laura: ¿Cuál es su nombre?

Javier: Javier Ortiz Bortoni, su servidor.

Laura: ¿Y Ud. es el…

Javier: Director de actividades deportivas y director técnico de la selección de fútbol.

Laura: Muchas gracias. En… entrenador, ¿Ud. desde cuándo empezó a entrenar?

Javier: Bueno, yo soy ex-alumno de aquí. Yo soy licenciado en derecho. Estudié mi carrera aquí, siempre fui de la selección de fútbol, y por accidente, nos quitaron un entrenador, no volvieron a contratar a nadie y entre los jugadores nos encargamos del equipo y bueno, ya tengo nueve años con el equipo. Entré, como técnico de esto, por mero accidente.

Laura: Ajá. Y ¿entonces no había pensado Ud., antes, este, en dirigir … muchachos?

Javier: No, no, como le digo, yo soy abogado y mi idea iba por otro lado, pero, pues bueno, me gustó esto y ya… Éste es mi noveno año ya con la selección. Ejerzo mi carrera, además, pero… eh… pues esto ya se volvió vicio.

Laura: Ajá. ¿De qué hora a qué hora más o menos, o qué tiempo le… ?

Javier: Entrenamos lunes, martes y
            miércoles a las seis de la maña-
            na, de seis a diez para las siete
            y, después, de dos a casi cinco
            de la tarde. Eh… y ya los jue-
            ves a las dos de la tarde. Los
            sábados se tiene partidos. Así
            que se entrena… así, en horas
            promedio… estaremos hablando
            de unas diez, doce horas a la
            semana. El que no tiene disci-
            plina para hacer deporte, menos
            va a tener disciplina para poder
            llevar su vida en una forma co-
            herente, ¿no? Dicen que hasta
            para dormir hay que tener disci-
            plina. Y… pues, en este caso es
            indispensable tener la, la disci-
            plina. A lo mejor en un … en
            un ejército, en un, ya yendo un
            poco más arriba, pues se habla
            de disciplina, de honor, de có-
            digos, etcétera… No cambia
            mucho… Es comportamiento
            del ser humano, en realidad,
            ¿no?

• Fin de Capítulo 15

Unidad 5 Vistas de Miami

En la enorme ciudad estadounidense de Miami, hay muchas influencias hispanas, especialmente en el barrio latino que se llama la Pequeña Habana. Esta zona viva y alegre se llama así porque aquí viven y trabajan muchos cubanoamericanos. Ya que buen número de éstos son bilingües y quieren conservar su cultura, se oye y se lee español por todos lados.

Muchas calles tienen un nombre español, como la famosa Calle Ocho, conocida internacionalmente por sus festivales de música cubana y latina. Es posible hablar español al comprar la comida en el super-mercado, al leer las noticias en el perió-dico, al comprar ropa y otras cosas en las tiendas, al comer o tomar un refresco en los cafés y restaurantes y al ver obras dramáticas en los teatros. Así se puede pasar todo el día hablando y escuchando español.

Naturalmente, muchos cubanoamericanos se identifican con su tierra natal. Se acuerdan de su isla con cariño y mantie-nen varias costumbres cubanas. Por ejemplo, mucha gente goza de los churros, pastelitos muy ricos que se venden en muchas calles de la Pequeña Habana. El dominó, un juego muy popular en los paí-ses caribeños, ocupa a muchos miamenses.

Para mucha gente, la bandera cubana es una expresión de orgullo, comunidad y recuerdo. La bandera se usa para decorar tiendas y edificios. También se ve la ban-dera cubana en artículos para decorar la casa. Estas cosas las compran los turistas como recuerdos de la Pequeña Habana y también las compran los cubanoamerica-nos como pequeños símbolos de su amor por Cuba.

Los cubanoamericanos enriquecen a Miami con su lengua, música, comida y cultura. Miami, con toda su riqueza cultural, es un verdadero tesoro norte-americano.

- Fin de Unidad 5

Capítulo 16 Vamos al centro comercial

Narrator: A shopping mall is a universal idea. In all parts of the world there are malls full of stores where people can purchase all kinds of items under one roof. When do you go to the mall? Do you go to buy CDs, gifts, clothes... ? In Spain, a mall is called **el centro comercial.**

Objetivos

- Why people shop at malls
- What's in style in Madrid
- How to describe what you're wearing

Narrator: In this chapter of the video we're going to visit a typical mall in Madrid and meet some young shoppers. Pay close attention not only to what they're hoping to buy, but also to how they're dressed and the reasons they shop in a big mall instead of a smaller boutique or specialty store. You're also going to learn what's in style in Madrid and how to describe what you're wearing.

La cultura

Narrator: Listen carefully as Elena describes why she's at the shopping mall.

Entrevistador: Sabes que estamos en la entrada de uno de los grandes almacenes...

Elena: Sí.

Entrevistador: ¿Y por qué has venido aquí y no tal vez ir a una tienda pequeña?

Elena: Porque en *A la Moda* encuentras todo lo que ... quieres. O sea, hay tiendas de todo, de vaqueros, de camisetas, de bañadores, de vestidos, todo. Hay gran variedad.

Entrevistador: Ya sabes que, bueno, en esté... en esta galería, en estas *Galerías Preciados* hay, hay mucha ropa, mucha variedad.

Elena: Sí.

Entrevistador: Casi más que en ningún sitio.

Elena: Sí.

Narrator: Elena is at a mall called **A la Moda.** She is shopping for a special outfit for a wedding. In the following interviews, both Elena and Daniel describe what they wear on a typical day.

El vocabulario esencial

Narrator: Now let's take a look at some new words and expressions that you're going to hear in the following interviews.

- **de calle** *casual / everyday wear*
Entrevistador: Descríbeme cómo vas vestido hoy.
Daniel: Normal, *de calle*.
- **darme una vuelta** *to look around*
Entrevistador: Y ¿qué haces aquí, Daniel?
Daniel: Pues nada, venía a *darme una vuelta* para ahora, nada más.
- **¿en qué te fijas?** *What do you pay attention to?*
Entrevistador: ¿Me puedes decir *en qué te fijas* al comprar la ropa?

Daniel: Pues sé lo que me gusta. Directamente. No porque sea una marca u otra... lo que me gusta, me lo compro. Ya está, directamente.

- **una marca** *brand name*

Daniel: No voy a *una marca*. Si me gustan estos pantalones y son, por ejemplo, «Pepito» y otros son «Juanito», si me gusta los «pepito» me compro los pepito o sea no es nada.

- **quedar bien** *to fit well*

Elena: Me gustaría comprarme unos pantalones de pinzas que se llevan mucho, pero como soy muy bajita... no me van a *quedar bien* y me compraré un vestido normal y corriente... un vestidito de flores.

- **vestirse bien** *to dress well*

Entrevistador: ¿Te preocupa mucho vestirte bien?

Elena: Sí, me gusta.

Entrevistador: ¿Por qué?

Elena: No sé, supongo que es el reflejo del alma, ¿no?, como vas vestida y eso...

- **pasado de moda** *out of style*

Elena: La gente se fija mucho en lo que se lleva y si algo está *pasado de moda* ya la gente no se lo pone.

Vamos a escuchar

- Visual cues can help you understand what people are saying.
- Visual cues can also help you perceive the difference between what people say and what they really feel.

Narrator: What people convey through conversation in real life situations may not always be entirely what they mean. Using cues, such as facial expressions, gestures and tone of voice, can help you better understand what people really mean. So, you must use your common sense to figure out when cues support or contradict the spoken message. As you watch the following interviews pay close attention to Elena and Daniel's tone of voice and facial expressions.

Entrevistador: Bueno, pues. Buenas tardes, señorita.

Elena: Hola, buenas tardes.

Entrevistador: ¿Cómo te llamas?

Elena: Elena.

Entrevistador: Y ¿de dónde eres, Elena?

Elena: De Madrid.

Entrevistador: Y ¿qué haces en un día tan maravilloso como hoy en un lugar tan maravilloso como éste?

Elena: Estaba intentando comprarme algo de ropa.

Entrevistador: ¿Sí? ¿Y qué tipo de ropa buscas?

Elena: Pues, algo para una boda que tengo dentro de un mes.

Entrevistador: Ajá. Descríbeme tu traje perfecto para la boda.

Elena: Me gustaría comprarme unos pantalones de pinzas que se llevan mucho, pero como soy muy bajita... no me van a quedar bien y me compraré un vestido normal y corriente... un vestidito de flores.

Entrevistador: Ajá. El vestido ¿cómo... ?

Elena: Pues, cortito, anchito y con la espalda descubierta o, no sé, un tipo así...

Entrevistador: Ajá. Tú sabes que estamos en la entrada de uno de los grandes almacenes...

Elena: Sí.

Entrevistador: ¿Y por qué has venido aquí y no tal vez ir a una tienda pequeña?

Elena: Porque en *A la Moda* encuentras todo lo que … quieres. Hay tiendas de todo, de vaqueros, de camisetas, de bañadores, de vestidos, todo. Hay gran variedad.

Entrevistador: Ya sabes que, bueno, en este, en esta galería, en estas *Galerías Preciados* hay, hay mucha ropa, mucha variedad.

Elena: Sí.

Entrevistador: Casi más que en ningún sitio.

Elena: Sí.

Entrevistador: Cuando ves, vas a comprar ropa, ¿en qué te fijas más, en la marca, en el precio, en la calidad, en el servicio que te presta la persona que te lo está, que te está indicando…?

Elena: Pues, me fijo, mmm, en todo. O sea, tanto la calidad, en el precio también, porque si es muy elevado pues no me lo compro y en la atención, también, al cliente que te ofrece el sitio determinado.

Entrevistador: Ajá. ¿Te preocupa mucho en vestirte bien?

Elena: Sí, me gusta.

Entrevistador: ¿Por qué?

Elena: No sé, supongo que es el reflejo del alma, ¿no?, como vas vestida y eso…

Entrevistador: Ajá. ¿Cómo sueles en un día…?

Elena y Entrevistador: ¿Normal?

Elena: Con vaqueros y una camiseta. Normal, corriente.

Entrevistador: ¿Sí? ¿Y en fin de semana?

Elena: Me visto un poquillo mejor. Con algo más corto, vaqueros normalmente, o falda, o vestido, y con vaqueros a veces también, con algo cortito…para ir un poco más guapa.

Entrevistador: ¿Y gastas mucho dinero en ropa?

Elena: Sí.

Entrevistador: ¿Sí?

Elena: Mucho.

Entrevistador: Sobre cuánto tiempo… ¿Cuántos días pasan desde que te compras una prenda hasta otra?

Elena: Poco tiempo… no sé, una semana normalmente. Es que a mí me gusta todo lo que veo, normalmente…

Entrevistador: Bien, pues sabes que hoy los jóvenes tienen una forma de vestir y ¿qué crees que, crees que, crees que, que la moda de todos los jóvenes está influenciada por… por… por… el gran auge de ventas que hay en ropa, o es porque simplemente es así?

Elena: Sí, yo creo que sí. Sí, porque… o sea, la gente se fija mucho en lo que se lleva y si algo está pasado de moda, ya la gente no se lo pone.

❀   ❀   ❀   ❀   ❀   ❀

Entrevistador: Buenas tardes.

Daniel: Hola.

Entrevistador: ¿Cómo te llamas?

Daniel: Daniel.

Entrevistador: Y ¿qué haces aquí, Daniel?

Daniel: Pues, nada, venía darme una vuelta para ahora, nada más.

Entrevistador: Ajá. ¿Sabes que estamos ante una tienda de ropa?

Daniel: ¿Eh?

Entrevistador: ¿Sabes que estamos delante de la entrada de una tienda de ropa?

Daniel: Sí de las *Galerías*.

Entrevistador: *Galerías Preciados*, exactamente. Y quiero que me comentes, ¿dónde te sueles comprar tú la ropa?

Daniel: Eh, *los Levis Store* y en *Marcan Special*.

Entrevistador: Ajá. Eh...

Daniel: Y *El Corte*.

Entrevistador: Ajá. ¿Sabes que es bueno que aquí puedes encontrar todo tipo de ropa, que hay una gran variedad? ¿Me puedes decir en qué te fijas al comprar la ropa?

Daniel: Pues sé lo que me gusta. Directamente. No porque sea una marca u otra... lo que me gusta, me lo compro. Ya está, directamente.

Entrevistador: ¿Sí?

Daniel: No voy a una marca. Si me gustan estos pantalones y son, por ejemplo «Pepito», y otros son «Juanito» si me gusta los «pepito» me compro los pepito o sea no es nada.

Entrevistador: Ajá. Eh, ¿qué prefieres, una gran cadena comercial de ropa, como puede ser *Galerías Preciados*, u otra, o tiendas pequeñas?

Daniel: No sé... donde me vayan a gustar la ropa. Si en *Galerías* me gusta, pues lo compro en *Galerías*; si me gusta en una tienda pequeña, pues me lo compro ahí. Es donde me gusta la ropa.

Entrevistador: Descríbeme cómo vas vestido hoy.

Daniel: Normal, de calle.

Entrevistador: Dime, ¿qué llevas?

Daniel: Unas zapatillas, unos pantalones, una camiseta.

Entrevistador: Sí. ¿Sueles ir así, siempre?

Daniel: Sí. No, es ... sí, sí siempre voy así.

Entrevistador: ¿Fin de semana?

Daniel: Igual.

Entrevistador: Y ¿porqué vas así vestido?

Daniel: No sé, me gusta, ¿no?

Entrevistador: Y ¿por qué te gusta?

Daniel: ¿Por qué vas vestido tú así?

Entrevistador: Porque me gusta, ¿y a ti?

Daniel: Igual. No sé, porque me encuentro más, yo qué sé, más cómodo así que yendo por ejemplo de traje, o de chaqueta americana, o de vestir. Yo, no.

Entrevistador: Ajá. ¿Gastas mucho dinero en ropa?

Daniel: Bueno, no, no necesito, tú sabes.

Entrevistador: Lo que no eres es un asiduo de las tiendas.

Daniel: No. Tú sabes.

Entrevistador: Muy bien, pues, muy amable.

Daniel: Gracias a vosotros.

Escuchemos otra vez

Narrator: Now you're ready to watch the interviews in their entirety. Remember to watch for cues! Before we begin, keep the following questions in mind:

- What are Daniel and Elena wearing?
- What is important to each person about his or her clothing?

Entrevistador: Bueno, pues. Buenas tardes, señorita.

Elena: Hola, buenas tardes.

Entrevistador: ¿Cómo te llamas?

Elena: Elena.

Entrevistador: Y ¿de dónde eres, Elena?

Elena: De Madrid.

Entrevistador: Y ¿qué haces en un día tan maravilloso como hoy en un lugar tan maravilloso como éste?

Elena: Estaba intentando comprarme algo de ropa.

Entrevistador: ¿Sí? ¿Y qué tipo de ropa buscas?

Elena: Pues, algo para una boda que tengo dentro de un mes.

Entrevistador: Ajá. Descríbeme tu traje perfecto para la boda.

Elena: Me gustaría comprarme unos pantalones de pinzas que se llevan mucho, pero como soy muy bajita... no me van a quedar bien y me compraré un vestido normal y corriente... un vestidito de flores.

Entrevistador: Ajá. El vestido ¿cómo... ?

Elena: Pues, cortito, anchito y con la espalda descubierta o, no sé, un tipo así...

Entrevistador: Ajá. Tú sabes que estamos en la entrada de uno de los grandes almacenes...

Elena: Sí.

Entrevistador: ¿Y por qué has venido aquí y no tal vez ir a una tienda pequeña?

Elena: Porque en *A la Moda* encuentras todo lo que ... quieres. Hay tiendas de todo, de vaqueros, de camisetas, de bañadores, de vestidos, todo. Hay gran variedad.

Entrevistador: Ya sabes que, bueno, en este, en esta galería, en estas *Galerías Preciados* hay, hay mucha ropa, mucha variedad.

Elena: Sí.

Entrevistador: Casi más que en ningún sitio.

Elena: Sí.

Entrevistador: Cuando ves, vas a comprar ropa, ¿en qué te fijas más, en la marca, en el precio, en la calidad, en el servicio que te presta la persona que te lo está, que te está indicando... ?

Elena: Pues, me fijo, mmm, en todo. O sea, tanto la calidad, en el precio también, porque si es muy elevado pues no me lo compro y en la atención, también, al cliente que te ofrece el sitio determinado.

Entrevistador: Ajá. ¿Te preocupa mucho en vestirte bien?

Elena: Sí, me gusta.

Entrevistador: ¿Por qué?

Elena: No sé, supongo que es el reflejo del alma, ¿no?, como vas vestida y eso...

Entrevistador: Ajá. ¿Cómo sueles en un día...?

Elena y Entrevistador: ¿Normal?

Elena: Con vaqueros y una camiseta. Normal, corriente.

Entrevistador: ¿Sí? ¿Y en fin de semana?

Elena: Me visto un poquillo mejor. Con algo más corto, vaqueros normalmente, o falda, o vestido, y con vaqueros a veces también, con algo cortito...para ir un poco más guapa.

Entrevistador: ¿Y gastas mucho dinero en ropa?

Elena: Sí.

Entrevistador: ¿Sí?

Elena: Mucho.

Entrevistador: Sobre cuánto tiempo... ¿Cuántos días pasan desde que te compras una prenda hasta otra?

Elena: Poco tiempo... no sé, una semana normalmente. Es que a mí me gusta todo lo que veo, normalmente...

Entrevistador: Bien, pues sabes que hoy los jóvenes tienen una forma de vestir y ¿qué crees que, crees que, crees que, que la moda de todos los jóvenes está influenciada por... por... por... el gran auge de ventas que hay en ropa, o es porque simplemente es así?

Elena: Sí, yo creo que sí. Sí, porque... o sea, la gente se fija mucho en lo que se lleva y si algo está pasado de moda, ya la gente no se lo pone.

❀ ❀ ❀ ❀ ❀ ❀

Entrevistador: Buenas tardes.

Daniel: Hola.

Entrevistador: ¿Cómo te llamas?

Daniel: Daniel.

Entrevistador: Y ¿qué haces aquí, Daniel?

Daniel: Pues, nada, venía darme una vuelta para ahora, nada más.

Entrevistador: Ajá. ¿Sabes que estamos ante una tienda de ropa?

Daniel: ¿Eh?

Entrevistador: ¿Sabes que estamos delante de la entrada de una tienda de ropa?

Daniel: Sí de las *Galerías*.

Entrevistador: *Galerías Preciados*, exactamente. Y quiero que me comentes, ¿dónde te sueles comprar tú la ropa?

Daniel: Eh, *los Levis Store* y en *Marcan Special*.

Entrevistador: Ajá. Eh...

Daniel: Y *El Corte*.

Entrevistador: Ajá. ¿Sabes que es bueno que aquí puedes encontrar todo tipo de ropa, que hay una gran

variedad? ¿Me puedes decir en qué te fijas al comprar la ropa?

Daniel: Pues sé lo que me gusta. Directamente. No porque sea una marca u otra... lo que me gusta, me lo compro. Ya está, directamente.

Entrevistador: ¿Sí?

Daniel: No voy a una marca. Si me gustan estos pantalones y son, por ejemplo «Pepito», y otros son «Juanito», si me gusta los «pepito» me compro los pepito o sea no es nada.

Entrevistador: Ajá. Eh, ¿qué prefieres, una gran cadena comercial de ropa, como puede ser *Galerías Preciados*, u otra, o tiendas pequeñas?

Daniel: No sé... donde me vayan a gustar la ropa. Si en *Galerías* me gusta, pues lo compro en *Galerías*; si me gusta en una tienda pequeña, pues me lo compro ahí. Es donde me gusta la ropa.

Entrevistador: Descríbeme cómo vas vestido hoy.

Daniel: Normal, de calle.

Entrevistador: Dime, ¿qué llevas?

Daniel: Unas zapatillas, unos pantalones, una camiseta.

Entrevistador: Sí. ¿Sueles ir así, siempre?

Daniel: Sí. No, es ... sí, sí siempre voy así.

Entrevistador: ¿Fin de semana?

Daniel: Igual.

Entrevistador: Y ¿porqué vas así vestido?

Daniel: No sé, me gusta, ¿no?

Entrevistador: Y ¿por qué te gusta?

Daniel: ¿Por qué vas vestido tú así?

Entrevistador: Porque me gusta, ¿y a ti?

Daniel: Igual. No sé, porque me encuentro más, yo qué sé, más cómodo así que yendo por ejemplo de traje, o de chaqueta americana, o de vestir. Yo, no.

Entrevistador: Ajá. ¿Gastas mucho dinero en ropa?

Daniel: Bueno, no, no necesito, tú sabes.

Entrevistador: Lo que no eres es un asiduo de las tiendas.

Daniel: No. Tú sabes.

Entrevistador: Muy bien, pues, muy amable.

Daniel: Gracias a vosotros.

• Fin de Capítulo 16

Capítulo 17 ¿Cuánto cuesta... ?

Laura: Ahora voy a comprar mi boleto en la taquilla.

Narrator: In many chapters of the *¡Ya verás!* video, we see people buying different things like subway and train tickets, food and clothing, et cetera. We all know that there is a price attached to merchandise, so we must pay a bill with either cash or credit.

¿Cuánto cuesta? and **¿Cómo prefieres pagar?** are two very common questions that you're going to hear when you see an exchange of goods for payment. How do you and your parents pay for clothes and other items?

Objetivos

- Learn how to ask how much something costs
- Methods of payment

Narrator: By the end of this chapter, you will learn how to ask how much something costs, in addition to learning some new expressions about what method of payment people prefer.

La cultura

Narrator: Let's observe the following scene closely. How does Carmen decide to pay for her trip to Madrid to visit her nephew Miguel?

Carmen: Eh ... ¿me dice el precio por favor de ida y vuelta?

Agente: En el AVE hay tres precios distintos ... tres categorías distintas ... clase turista cuesta 9.100 pesetas por cada trayecto ... en preferente 12.800, también cada trayecto y en club, 16.500 ... cualquiera de ellas es muy cómoda.

Carmen: Pues casi me quedo con la turista.

Agente: Ajá. Muy bien.

Carmen: ¿El pago lo puedo hacer con tarjeta American Express?

Agente: Sí, por supuesto.

Narrator: Do you remember this scene in the travel agent's office where Carmen decides to pay for her train trip using her American Express card? Did you notice the name of the Spanish currency—**la peseta**?

El vocabulario esencial

Narrator: Now let's take a look at some new words and expressions that you're going to hear during the following scenes.

- **el precio** *the price*
Agente: Sale un tren y llega a Sevilla a las 21:30.
Carmen: Ah ... muy bien.... Eh ... ¿me dice *el precio* por favor de ida y vuelta?
- **el pago** *the payment*
Carmen: ¿*El pago* lo puedo hacer con tarjeta American Express?
Agente: Sí, por supuesto.
Carmen: Muy bien ...
- **¿Eso es todo?** *Is that all?*
Farmacéutica: ...y tiritas.
Miguel: Muy bien, pues.
Farmacéutica: *¿Eso es todo?*
Miguel: No. También un termómetro, porque el de esta mañana, sabes, se ha roto.

- **¿Cuánto es?** *How much is it?*

Miguel: ¿Cuánto es?

Farmacéutica: Voy a verlo. ... Ochocientas cuarenta pesetas.

Miguel: Aquí tienes...

Farmacéutica: Cuarenta.

Miguel: Ajá.

Farmacéutica: Cincuenta, novecientas y mil pesetas.

Miguel: Muchas gracias.

Vamos a escuchar

- Taking notes of details helps keep you focused on what's going on.
- Details help in our overall comprehension.

Narrator: Part of active listening relies on taking note of details. Details help you keep track of what's going on in a video and are very useful in overall comprehension. As you watch the various people making purchases or talking about their purchases, keep the following items in mind:

- cost
- type of currency
- method of payment

You may wish to take notes to help you remember the details as you watch.

Agente: ¡Buenos días!

Carmen: A ver ... yo quiero ir a Madrid el día ... 24, que es jueves, con vuelta el sábado ... 25 y 26 ... Quisiera ir en AVE ... y ... llegar el jueves por la mañana como a las diez, aproximadamente.

Agente: Como a las diez... Vamos a ver qué tren sale a esa hora .... Hay un AVE que sale de Sevilla a las 8:00 de la mañana y llega a Madrid a las 10:15.

Carmen: Ah, perfecto.

Agente: ¿Cuántas personas viajan?

Carmen: Una. En no fumadores, por favor.

Agente: El regreso el día 26 ... ¿a qué hora quería salir de Madrid?

Carmen: Pues para salir de Madrid como a las 19 horas aproximadamente.

Agente: Sale un tren y llega a Sevilla a las 21:30.

Carmen: Ah ... muy bien.... Eh ... ¿me dice el precio por favor de ida y vuelta?

Agente: En el AVE hay tres precios distintos ... tres categorías distintas ... clase turista cuesta 9.100 pesetas por cada trayecto ... en preferente 12.800, también cada trayecto y en club, 16.500 ... cualquiera de ellas es muy cómoda.

Carmen: Pues casi me quedo con la turista.

Agente: Ajá. Muy bien.

Carmen: ¿El pago lo puedo hacer con tarjeta American Express?

Agente: Sí, por supuesto.

❀   ❀   ❀   ❀   ❀   ❀

Farmacéutica: ¿Qué hay, Miguel? Buenos días.

Miguel: Aquí estamos.

Farmacéutica: ¿Qué te pasa?

Miguel: Pues la verdad es que me duele un poco la garganta. Ayer por la noche me acosté con ... con un terrible dolor y esta mañana me he despertado igual.

Farmacéutica: ¿Tienes fiebre?

Miguel: No, no tengo fiebre. Con que me des un ... unas pastillas, un jarabe, creo que me viene bien.

Farmacéutica: Creo que estas pastillas te harán bien.

Miguel: Ajá.

Farmacéutica: ¿Algo más?

Miguel: No, oh, sí, sí… ya que estás ahí, pues me vas a dar una caja de aspirinas y … unas tiritas.

Farmacéutica: Pues, muy bien… Aspirinas…

Miguel: Ajá.

Farmacéutica: … y tiritas.

Miguel: Muy bien, pues.

Farmacéutica: ¿Eso es todo?

Miguel: No. También un termómetro, porque el de esta mañana, sabes, se ha roto.

Farmacéutica: Eh… ¿Uno corriente?

Miguel: Sí, uno normal.

Farmacéutica: Muy bien … Bueno, aquí tienes… ¿Ya?

Miguel: Creo que … creo que sí, no se me olvida nada más…

Farmacéutica: De acuerdo.

Miguel: ¿Cuánto es?

Farmacéutica: Voy a verlo. … Ochocientas cuarenta pesetas.

Miguel: Aquí tienes…

Farmacéutica: Cuarenta.

Miguel: Ajá.

Farmacéutica: Cincuenta, novecientas y mil pesetas.

Miguel: Muchas gracias. Espero no volver a estar aquí.

Farmacéutica: Adiós.

Miguel: Hasta luego.

Farmacéutica: Adiós.

Escuchemos otra vez

Narrator: Now you're ready to watch the entire scene. Before we begin, keep the following questions in mind:

- What are the specific payment methods in the following scenes?
- What are the people in the video buying?

Agente: ¡Buenos días!

Carmen: A ver … yo quiero ir a Madrid el día … 24, que es jueves, con vuelta el sábado … 25 y 26 … Quisiera ir en AVE … y … llegar el jueves por la mañana como a las diez, aproximadamente.

Agente: Como a las diez… Vamos a ver qué tren sale a esa hora …. Hay un AVE que sale de Sevilla a las 8:00 de la mañana y llega a Madrid a las 10:15.

Carmen: Ah, perfecto.

Agente: ¿Cuántas personas viajan?

Carmen: Una. En no fumadores, por favor.

Agente: El regreso el día 26 … ¿a qué hora quería salir de Madrid?

Carmen: Pues para salir de Madrid como a las 19 horas aproximadamente.

Agente: Sale un tren y llega a Sevilla a las 21:30.

Carmen: Ah … muy bien…. Eh … ¿me dice el precio por favor de ida y vuelta?

Agente: En el AVE hay tres precios distintos ... tres categorías distintas ... clase turista cuesta 9.100 pesetas por cada trayecto ... en preferente 12.800, también cada trayecto y en club, 16.500 ... cualquiera de ellas es muy cómoda.

Carmen: Pues casi me quedo con la turista.

Agente: Ajá. Muy bien.

Carmen: ¿El pago lo puedo hacer con tarjeta American Express?

Agente: Sí, por supuesto.

❋   ❋   ❋   ❋   ❋   ❋

Farmacéutica: ¿Qué hay, Miguel? Buenos días.

Miguel: Aquí estamos.

Farmacéutica: ¿Qué te pasa?

Miguel: Pues la verdad es que me duele un poco la garganta. Ayer por la noche me acosté con ... con un terrible dolor y esta mañana me he despertado igual.

Farmacéutica: ¿Tienes fiebre?

Miguel: No, no tengo fiebre. Con que me des un ... unas pastillas, un jarabe, creo que me viene bien.

Farmacéutica: Creo que estas pastillas te harán bien.

Miguel: Ajá.

Farmacéutica: ¿Algo más?
Miguel: No, oh, sí, sí... ya que estás ahí, pues me vas a dar una caja de aspirinas y ... unas tiritas.

Farmacéutica: Pues, muy bien... Aspirinas...

Miguel: Ajá.

Farmacéutica: ... y tiritas.

Miguel: Muy bien, pues.

Farmacéutica: ¿Eso es todo?

Miguel: No. También un termómetro, porque el de esta mañana, sabes, se ha roto.

Farmacéutica: Eh... ¿Uno corriente?

Miguel: Sí, uno normal.

Farmacéutica: Muy bien ... Bueno, aquí tienes... ¿Ya?

Miguel: Creo que ... creo que sí, no se me olvida nada más...

Farmacéutica: De acuerdo.

Miguel: ¿Cuánto es?

Farmacéutica: Voy a verlo. ... Ochocientas cuarenta pesetas.

Miguel: Aquí tienes...

Farmacéutica: Cuarenta.

Miguel: Ajá.

Farmacéutica: Cincuenta, novecientas y mil pesetas.

Miguel: Muchas gracias. Espero no volver a estar aquí.

Farmacéutica: Adiós.

Miguel: Hasta luego.

Farmacéutica: Adiós.

- Fin de Capítulo 17

Capítulo 18 ¿Qué quieres comprar?

Narrator: In this chapter of the *¡Ya verás!* video program, you're going to accompany Laura and a friend on a shopping trip for formal business clothes in Mexico City.

Objetivos

- Words for formal clothing

Narrator: You're going to learn new words and expressions for describing formal clothing.

La cultura

Narrator: As you watch the following scene, observe the cultural differences. Take notes as you observe and share your answers later with your classmates. Can you figure out who wants to buy clothes in this introductory scene?

Laura: ¡Hola!

Amiga: Hola...

Laura: ¿Tenías mucho tiempo esperando?

Amiga: No te preocupes... acabo de llegar.

Laura: Ay, discúlpame... es que había mucho tráfico y me tardé más tiempo en llegar a casa de mis papás de lo que pensaba...

Amiga: No hay problema. Oye, la semana pasada estuve aquí y hay una tienda acá atrás que tiene unos vestidos lindísimos, a muy buen precio. ¿Quieres verlos?

Laura: Bueno, sí. Pero ¿sabes qué? Estoy buscando un traje sastre.

Amiga: Creo que en la tienda de al lado hay unos. Oye, pero antes de irnos, ¿me acompañas con un cafecito?

Laura: Bueno.

Amiga: ¡Mesero!

Narrator: Did you understand that Laura needs to purchase some new clothes and that her friend knows a great store nearby where they sell beautiful dresses? **¡Qué bien!**

El vocabulario esencial

Narrator: Let's take a look at some new words and expressions that you're going to hear during the following scene.

- **vestidos** *dresses*

Amiga: Oye, la semana pasada estuve aquí y hay una tienda acá atrás que tiene unos *vestidos* lindísimos a muy buen precio. ¿Quieres verlos?

- **traje sastre** *tailored suit*

Dependienta: Buenos días. ¿Las puedo ayudar en algo?

Amiga y Laura: Hola.

Laura: Buenos días. Mira, estoy buscando un *traje sastre*...

Dependienta: Ah, pues mira, éste es un traje sastre. Nos acaba de llegar y está precioso... Éste es su chaleco, tiene falda, tiene saco...

- **mostrar** *to show*

Laura: Este está muy bonito. ¿Me lo puedes *mostrar*?

Dependienta: ¡Claro que sí!

- **la tela**   *material/cloth*

Dependienta: Mira, toca *la tela,* qué bonita es...

Laura: Ay, sí.

Dependienta: La falda también.

Amiga: Muy bien, Laura, me gusta ése para ti.

- **probar**   *to try on*

Dependienta: Mira, el precio es de quinientos noventa y nueve y la falda es de doscientos ... doscientos veintinueve.

Amiga: ¡Muy bonito!

Laura: Está muy bonito...

Dependienta: ¿Te lo quieres *probar?*

- **el vestidor**   *dressing room*

Laura: Sí, me voy a probar.

Dependienta: Sí.

Laura: ¿Dónde está *el vestidor?*

Dependienta: *El vestidor* está allá... ella te puede ayudar.

Laura: Gracias.

Dependienta: ¿Te llevas las dos?

Laura: Sí.

- **combina**   *goes well/matches*

Dependienta: Mira, yo te conseguí este top, que va perfecto con esa...Yo me lo pondría así... se ve divino...

Laura: Ah, perfecto. A ver... ay, *combina* muy bonito, ¿no?

Amiga: Se ve excelente.

Laura: Se ven padrísimos los colores... Ay, me lo llevo todo. ¿Me haces la cuenta?

Vamos a escuchar

Narrator: You've acquired many skills that have helped you become a better listener. As you listen to the following shopping scene in Mexico, try to utilize all of your skills. Can you remember some of them?

Here are some of the more important skills that you should use to help you understand the following scene:

- Listening skills

    Listening for key words and expressions

    Recognizing cognates

    Listening for specific information

    Comparing and contrasting

    Recognizing behavior, gestures, and tone of voice

    Taking careful notes as you listen

Amiga: ¡Mira, Laura! ¡Qué lindo!

Laura: Ay, está precioso...

Amiga: ¡Oye, mira éste otro!

Dependienta: Buenos días, ¿las puedo ayudar en algo?

Amiga y Laura: Hola.

Laura: Buenos días. Mira, estoy buscando un traje sastre...

Dependienta: Ah, pues mira, éste es un traje sastre. Nos acaba de llegar y está precioso... Éste es su chaleco, tiene falda, tiene saco...

Amiga: ¿Tienes otros colores?

Dependienta: ... Otros colores, mira, tengo ése rosa que está ahí, tengo éste azul, no se cuál les gusta.

Amiga: Mira, Laura.

Laura: El rosa no me gusta mucho...

Amiga: Esto es más lindo para ti.

Laura: Ándale...

Dependienta: Sí, yo creo te va más éste azul.

Laura: Éste está muy bonito. ¿Me lo puedes mostrar?

Dependienta: Claro que sí. Mira, toca la tela, qué bonita es…

Laura: Ay, sí…

Dependienta: La falda también…

Amiga: Muy bien, Laura, me gusta ése para ti.

Laura: ¿De qué tela es?

Dependienta: Ése es de pana. Es una, es nueva, ¿eh? Nunca la había visto. Te digo el precio… mira, el precio es de quinientos noventa y nueve y la falda es de doscientos… doscientos veintinueve.

Amiga: ¡Muy bonito!

Laura: Está muy bonito…

Dependienta: ¿Te lo quieres probar?

Laura: ¿Sabes qué? Se siente muy suavecita la tela, ¿verdad?

Amiga: Sí, sí, sí, rico.

Laura: Sí, me lo voy a probar.

Dependienta: Sí.

Laura: ¿Dónde está el vestidor?

Dependienta: El vestidor está allá… ella te puede ayudar.

Laura: Gracias.

Dependienta: ¿Te llevas las dos?

Laura: Sí.

Amiga: Oye, éste también está muy bonito.

Dependienta: Ah, ¿éste? Éste es de lino.

Amiga: Qué lindo, ¿eh?

Laura: Ay, se ve muy bonito… Oye, ¿no lo ves muy justo?

Amiga: No … te quedó holgado … está perfecto.

Dependienta: Mira, yo te conseguí este top, que va perfecto con esa…Yo me lo pondría así … se ve divino…

Laura: Ah, perfecto. A ver … ay, combina muy bonito, ¿no?

Amiga: Se ve excelente.

Laura: Se ven padrísimos los colores… Ay, me lo llevo todo. ¿Me haces la cuenta?

Escuchemos otra vez

Narrator: Now you're ready to watch the entire scene. Before we begin, let's keep the following questions in mind:

- How many articles of clothing does Laura buy and what color are they?
- Are Laura and her friend in a department store or in a boutique?

Amiga: ¡Mira, Laura! ¡Qué lindo!

Laura: Ay, está precioso…

Amiga: ¡Oye, mira éste otro!

Dependienta: Buenos días, ¿las puedo ayudar en algo?

Amiga y Laura: Hola.

Laura: Buenos días. Mira, estoy buscando un traje sastre…

Dependienta: Ah, pues mira, éste es un traje sastre. Nos acaba de llegar y está precioso… Éste es su chaleco, tiene falda, tiene saco…

Amiga: ¿Tienes otros colores?

Dependienta: … Otros colores, mira,
           tengo ése rosa que está ahí,
           tengo éste azul, no se cuál les
           gusta.

Amiga: Mira, Laura.

Laura: El rosa no me gusta mucho…

Amiga: Esto es más lindo para ti.

Laura: Ándale…

Dependienta: Sí, yo creo te va más éste
           azul.

Laura: Éste está muy bonito. ¿Me lo
           puedes mostrar?

Dependienta: Claro que sí. Mira, toca la
           tela, qué bonita es…

Laura: Ay, sí…

Dependienta: La falda también…

Amiga: Muy bien, Laura, me gusta ése
           para ti.

Laura: ¿De qué tela es?

Dependienta: Ése es de pana. Es una, es
           nueva, ¿eh? Nunca la había
           visto. Te digo el precio… mira,
           el precio es de quinientos no-
           venta y nueve y la falda es de
           doscientos… doscientos veinti-
           nueve.

Amiga: ¡Muy bonito!

Laura: Está muy bonito…

Dependienta: ¿Te lo quieres probar?

Laura: ¿Sabes qué? Se siente muy
           suavecita la tela, ¿verdad?

Amiga: Sí, sí, sí, rico.

Laura: Sí, me lo voy a probar.

Dependienta: Sí.

Laura: ¿Dónde está el vestidor?

Dependienta: El vestidor está allá… ella
           te puede ayudar.

Laura: Gracias.

Dependienta: ¿Te llevas las dos?

Laura: Sí.

Amiga: Oye, éste también está muy
           bonito.

Dependienta: Ah, ¿éste? Éste es de lino.

Amiga: Qué lindo, ¿eh?

Laura: Ay, se ve muy bonito…Oye, ¿no
           lo ves muy justo?

Amiga: No… te quedó holgado… está
           perfecto.

Dependienta: Mira, yo te conseguí este
           top, que va perfecto con esa…Yo
           me lo pondría así… se ve
           divino…

Laura: Ah, perfecto. A ver… ay,
           combina muy bonito, ¿no?

Amiga: Se ve excelente.

Laura: Se ven padrísimos los colores…
           Ay, me lo llevo todo. ¿Me haces
           la cuenta?

- Fin de Capítulo 18

Unidad 6 Vistas de Venezuela

Venezuela es un país sudamericano que se caracteriza por su gran variedad geográfica. Su hermosa capital, Caracas, está situada entre el Mar Caribe y las montañas de la cordillera Caribe. Caracas, una ciudad grande y moderna, es un centro de industria y de población. En Caracas se puede ver mucho que se parece a cualquier ciudad de los Estados Unidos o del mundo.

Aquí se ven las Torres de Silencio en el centro de Caracas. Como la Ciudad de México y Santiago de Chile, Caracas tiene un buen sistema de metro que la gente usa con frecuencia por su gran eficiencia. En el metro se puede llegar rápidamente a todas partes de la ciudad.

A jóvenes de casi todo el mundo les encantan las cosas nuevas y modernas. A estos jóvenes caraqueños les encantan los juegos de vídeo. Cuando van de compras, muchos jóvenes caraqueños acuden a las tiendas de música para buscar nuevos discos compactos.

Pero Caracas también está orgullosa de su pasado y de sus tradiciones. En Caracas se puede ver varios ejemplos de la arquitectura colonial, como la hermosa catedral y el impresionante Panteón Nacional. Hay también varios monumentos a los héroes nacionales, como Antonio José de Sucre, quien hizo un papel importante en la independencia de Venezuela. Simón Bolívar, considerado el George Washington de Sudamérica porque ayudó a independizar a muchos países del continente, nació en Caracas.

El mercado todavía es muy importante en la vida diaria. Allí, como en todo mercado latino, la gente pasea, charla y vende y compra de todo. Por supuesto, hay otros muchos centros sociales para los venezolanos. Se puede ir a muchos lugares para escuchar todo tipo de música. Este grupo toca música tradicional de Venezuela.

Los jóvenes, naturalmente, se reúnen en la escuela. Antes de las clases, hay tiempo para conversar con los amigos. En la clase de educación física, los estudiantes aprenden y se divierten practicando deportes con sus compañeros. Después de las clases, muchos jóvenes van a un café al aire libre donde conversan y toman un refresco. Claro que los cafés son muy populares entre los adultos también.

Caracas tiene muchos parques muy bonitos. A muchas familias como éstas, les gusta llevar a los niños al parque donde pasean y juegan en un ambiente tranquilo y natural.

Caracas... una ciudad de muchas actividades y oportunidades. ¡Venezuela... un país encantador!

• Fin de Unidad 6

VIDEO ACTIVITIES

Capítulo 1 Vamos al café

Objetivos y La cultura

| VIDEO ☞ | Watch the **Objetivos** and **La cultura** sections of the video for **Capítulo 1**.

A. Orientación As you watch these two sections of the video, underline what you see.

1. unos restaurantes elegantes / unos cafés informales

2. personas al aire libre / personas en el interior

3. muchas personas / pocas *(few)* personas

4. comidas completas / refrescos y bocadillos

5. las personas comen y hablan / las personas bailan y cantan

B. Anticipación In the upcoming sections of the video, you'll be watching interviews in a café. Based on what you've just seen, predict what you'll see and hear next by choosing **a** or **b** in the following items.

_____ 1. The interviews will take place
     a. inside.   b. outside.

_____ 2. Those interviewed will be
     a. young people.   b. older retirees.

_____ 3. They will be at the café
     a. to have a formal business lunch.   b. to have a relaxing time with friends.

_____ 4. On the tables you will see
     a. drinks and snacks.   b. complete meals.

El vocabulario esencial

| VIDEO ☞ | Watch the **Vocabulario esencial** section of the video for **Capítulo 1**.

In addition to the vocabulary you will see on-screen in this section of the video and in the **Vamos a escuchar** section, these words and expressions will help you to enjoy and understand what you will watch.

Otras palabras y expresiones

¿Qué haces aquí?	*What are you doing here?*
reunirnos	*we get together*
amigos	*friends*
jóvenes	*young people*

Vamos a escuchar

| VIDEO ☞ | Watch the **Vamos a escuchar** section of the video for **Capítulo 1.**

C. ¡Sí entiendo! *(Yes, I understand!)* Based on what you saw in this section, choose **a** or **b** for each item.

_____ 1. Because the interviewer says "Buenas tardes," it can be assumed that
 a. Elizabeth is having breakfast.
 b. Elizabeth is having an afternoon snack.

_____ 2. Elizabeth and Mónica prefer
 a. to be outside because it is more comfortable.
 b. to be inside, but the tables inside are full.

_____ 3. On the table at which Elizabeth and Mónica are sitting are
 a. plates with a variety of foods. b. cold drinks.

_____ 4. Mónica and Elizabeth are
 a. friends. b. business colleagues.

_____ 5. Mario likes working at the café because
 a. he earns a lot of money.
 b. he gets to see young people and friends.

D. ¿Tenías razón? *(Were you right?)* Look back at your answers to activity **B. Antici-pación.** Were your predictions correct?

_____

Escuchemos otra vez

| VIDEO ☞ | Watch the **Escuchemos otra vez** section of the video for **Capítulo 1.**

E. ¡Ahora yo sé! *(Now I know!)* Answer the questions that the narrator asked you in this chapter of the video.

1. When do people usually meet in cafés?

_____

_____

2. Why do people meet in cafés?

_____

_____

3. What do people usually do in cafés?

_____

_____

Capítulo 2 ¡Vamos a un bar de tapas!

Objetivos y La cultura

VIDEO ☞ Watch the **Objetivos** and **La cultura** sections of the video for **Capítulo 2**.

A. Orientación As you watch these two sections of the video, underline what you see and/or hear.

1. Veo *(I see)* a personas al aire libre / a personas en un interior.

2. Veo a jóvenes y a adultos / sólo a jóvenes.

3. Veo refrescos y meriendas / comidas completas.

4. Se sirve las tapas / los refrescos en «pinchos».

5. Los pasteles de fresas / los calamares son un tipo de tapa popular.

B. Anticipación In this chapter of the video, some friends are going to get together in a **tapas bar**. Based on what you've just watched, circle all of the following items that you think you will see and/or hear in the upcoming video sections.

1. ¿Qué tal?

2. Señora, quisiera presentarle al señor Mendoza.

3. Camarero, por favor.

4. ¿No quieres tomar nada?

5. ¿Te gusta mirar la televisión aquí?

6. una bebida fría

7. un pincho de tortilla

8. un sandwich de jamón y queso

El vocabulario esencial

VIDEO ☞ Watch the **Vocabulario esencial** section of the video for **Capítulo 2**.

Otras palabras y expresiones

comiendo un poco	*eating a little (from* **comer***)*
tomando algo	*having something to drink (from* **tomar***)*
voy a pedir	*I'm going to order*

Vamos a escuchar

VIDEO ☞ Watch the **Vamos a escuchar** section of the video for **Capítulo 2.**

C. ¿Qué nos dice Miguel? *(What does Miguel tell us?)* Escribe **V (verdad)** o **F (falso).**

_____ 1. A Miguel le gusta ir a un bar de tapas después de *(after)* las clases.

_____ 2. A Miguel le gusta tomar algo con amigos.

_____ 3. Miguel prefiere los cafés normalmente.

_____ 4. El servicio no es rápido en los bares de tapas; es rápido en los cafés.

D. ¿En qué orden? As you watch this section of the video, write the numbers 1, 2, 3, etc. in the blanks to indicate the order in which you hear these foods and drinks talked about. **¡Cuidado!** You may not hear or see every item in the list.

_____ unos cacahuetes   _____ un pan tostado

_____ unos calamares   _____ un té con limón

_____ un café   _____ una tortilla

_____ una ensaladilla rusa

E. ¿Tenías razón? Look back at your answers to activity **B. Anticipación.** Were your predictions correct?

_____

Escuchemos otra vez

VIDEO ☞ Watch the **Escuchemos otra vez** section of the video for **Capítulo 2.**

F. ¡Ahora yo sé! Answer the questions that the narrator asked you in this chapter of the video.

1. Who goes to **tapas** bars?

_____

_____

2. What kinds of **tapas** are there?

_____

_____

3. What are some typical greetings among friends?

   _____

   _____

4. How do you get a server's attention?

   _____

   _____

Capítulo 3 ¿Te gusta la comida mexicana?

Objetivos y La cultura

VIDEO ☞ Watch the **Objetivos** and **La cultura** sections of the video for **Capítulo 3.**

A. Orientación Selecciona con X las comidas mexicanas que oyes *(hear)* o ves *(see)* en este segmento del vídeo. ¡Cuidado! ¡Mencionan las comidas en español y en inglés!

_____ arroz   _____ guacamole

_____ burritos   _____ hamburguesa

_____ croissant   _____ pan árabe

_____ enchiladas de carne   _____ salsa

_____ enchiladas de pollo   _____ sopa de hongos

_____ ensalada   _____ sopa de patatas

_____ flan   _____ tacos

_____ frijoles   _____ tortillas

B. Anticipación In the upcoming sections of the video, you'll be watching interviews and scenes in a **taquería** and a restaurant in Mexico. Predict which of these statements apply to these eating establishments by writing **R** for **restaurante** and **T** for **taquería.**

_____ 1. El ambiente *(atmosphere)* es más formal.

_____ 2. Las personas comen más rápido.

_____ 3. Un plato típico es una tortilla con carne y queso.

_____ 4. Se sirven más ensaladas y sopas.

El vocabulario esencial

VIDEO ☞ Watch the **Vocabulario esencial** section of the video for **Capítulo 3.**

Otras palabras y expresiones

pan árabe	*flat (arab-style) bread*
volcanes	*main-course turnovers*
cazuelitas	*small one-dish casseroles*
maíz	*corn*

Nombre _____ Fecha _____

Vamos a escuchar

VIDEO ☞ Watch the **Vamos a escuchar** section of the video for **Capítulo 3.**

C. **Tacos, faroladas, volcanes, ¡qué sabrosos!** Now you be the chef at the Taquería Farolito. Given the following ingredients, which ones will you use to prepare the dishes? Place the letters of the appropriate ingredients in the blanks. **¡Cuidado!** There are more ingredients in the kitchen than you need, and some are used in more than one dish!

a. pan árabe   c. pan tostado   e. queso   g. chorizo
b. tortilla de maíz   d. carne   f. jamón

1. Faroladas   _____ _____ _____ _____

2. Volcanes   _____ _____

3. Cazuelitas   _____ _____

4. According to the manager, which of these dishes is the customers' favorite?

_____

D. **Para comentar** Rodea con círculos las palabras que Laura y su amiga usan para describir el restaurante y la comida que comen.

bonito   delicioso   económico   joven   picante   rico   sabroso

Escuchemos otra vez

VIDEO ☞ Watch the **Escuchemos otra vez** section of the video for **Capítulo 3.**

E. **¡Ahora yo sé!** Contesta las preguntas de este capítulo.

1. What are some typical dishes in a **taquería?**

_____

_____

2. Why do people go to a **taquería?** to a more elegant restaurant?

_____

_____

3. How does the atmosphere of a **taquería** differ from that of a restaurant?

_____

_____

4. Do the foods in the two establishments seem familiar? Why or why not?

_____

_____

F. **¿Tenías razón?** Look back at your answers to activity **B. Anticipación.** Were your predictions correct?

_____

Unidad 1 Vistas de Puerto Rico

A. Preparación In this video segment, you will learn more about Puerto Rico. Based on what you know or have learned so far, predict what you'll see and hear by choosing **a** or **b** in the following items.

_____ 1. Puerto Rico es
    a. una isla.   b. una región de España.

_____ 2. El clima de Puerto Rico es
    a. muy frío.   b. tropical.

_____ 3. Los puertorriqueños son ciudadanos
    a. españoles.   b. estadounidenses.

| *VIDEO* ☞ | Watch the **Vistas de Puerto Rico** section of the video for **Unidad 1.** |

B. Observación As you watch the video segment, check off the key words you hear in the following list. Hint: You should end up checking off seven of the items.

_____ el arte   _____ Océano Pacífico

_____ colonial   _____ la política

_____ Mar Caribe   _____ el recreo

_____ moderna   _____ la televisión

_____ la música   _____ el turismo

C. Comprensión Based on what you have watched, indicate if these statements are **V (verdad)** or **F (falso).**

_____ 1. Los puertorriqueños hablan inglés y estudian español.

_____ 2. La familia y los amigos son importantes para los puertorriqueños.

_____ 3. No hay muchas personas que visitan Puerto Rico.

_____ 4. A los puertorriqueños les gustan los deportes y las actividades físicas.

_____ 5. En Puerto Rico hay mucho interés en el arte, la música y el baile.

Capítulo 4 ¿De quién es?

Objetivos y La cultura

VIDEO ☞ Watch the **Objetivos** and **La cultura** sections of the video for **Capítulo 4.**

A. Orientación Match the description with the Spanish word.

_____ 1. The general term for a home   a. apartamento

_____ 2. The general term for an apartment   b. casa

_____ 3. A home with two stories and interior stairs c. chalet

_____ 4. A condominium   d. cuarto

_____ 5. A flat   e. duplex

                                             f. piso

B. Anticipación Circle the word in each group of three that doesn't fit in the category.

1. parts of a home   cuarto / patio / bolsa

2. utilities   gas / lápiz / electricidad

3. keeps food cold   grabadora / frigorífico / congelador

4. furniture   cama / mochila / escritorio

El vocabulario esencial

VIDEO ☞ Watch the **Vocabulario esencial** section of the video for **Capítulo 4.**

Otras palabras y expresiones

muebles	*furniture*
amueblado	*furnished*
lugar	*place, spot*
alcoba	*synonym for* **cuarto**

Vamos a escuchar

VIDEO ☞ Watch the **Vamos a escuchar** section of the video for **Capítulo 4.**

C. ¿En qué orden? As you watch this section of the video, write the numbers 1, 2, 3, etc. in the blanks to indicate the order in which you are shown these rooms. Put an X in front of the room that you don't see or hear about in this segment.

_____ cocina   _____ garaje

_____ cuarto   _____ patio

_____ cuarto de baño   _____ salón

D. ¡Sí entiendo! Escribe **a** o **b** en el espacio.

_____ 1. El apartamento es de
a. Francisco.   b. Miguel.

_____ 2. Les gusta mucho a Miguel y a Francisco
a. el salón.   b. el patio.

_____ 3. En el cuarto de Francisco hay
a. una cama, una mesilla y una ventana.
b. unas plantas, un microondas y un congelador.

_____ 4. Con alcoba, un otro sinónimo por *cuarto* es
a. habitación.   b. techo.

E. ¿Tenías razón? Look back at your answers to activity **B. Anticipación.** Were your predictions correct?

_____

_____

Escuchemos otra vez

VIDEO ☞ Watch the **Escuchemos otra vez** section of the video for **Capítulo 4.**

F. ¡Ahora yo sé! Contesta las preguntas de este capítulo.

1. What are some names of the types of homes and rooms you have seen?

_____

_____

2. What similarities and differences are there between your living situation and that of

Miguel?

_____

_____

Capítulo 5 Me gusta mucho...

Objetivos y La cultura

VIDEO ☞ Watch the **Objetivos** and **La cultura** sections of the video for **Capítulo 5.**

A. Orientación Selecciona con X las diez palabras que son representadas en este segmento del vídeo.

_____ el agua	_____ hablar
_____ el cine	_____ leer
_____ correr	_____ una llave
_____ escuchar	_____ mirar
_____ unos frijoles	_____ un parque
_____ el fútbol	_____ practicar
_____ el fútbol americano	_____ un sacapuntas

B. Anticipación What do you like to do with your free time? In English, list some activities that you enjoy. Then write as many of them as you can in Spanish.

_____

_____

_____

_____

El vocabulario esencial

VIDEO ☞ Watch the **Vocabulario esencial** section of the video for **Capítulo 5.**

Otras palabras y expresiones

hacer   *to do*
el tiempo libre   *free time*

Vamos a escuchar

VIDEO ☞ Watch the **Vamos a escuchar** section of the video for **Capítulo 5.**

C. ¿Quién es? Indica la persona que corresponde a cada frase.

	Martín	Mónica
1. Me gusta hacer aeróbicos.	_____	
2. Me gusta ir al cine.	_____	_____
3. Me gusta ir al parque.	_____	_____
4. Me gusta hacer ejercicio.	_____	_____
5. Me gusta el fútbol.	_____	_____
6. Me gusta salir con mis papás.	_____	_____

Escuchemos otra vez

VIDEO ☞ Watch the **Escuchemos otra vez** section of the video for **Capítulo 5.**

D. ¡Me gusta escuchar! As you listen, complete the sentences with the appropriate word from the following list.

actividades   diferentes   individual   mismas   quedarme   ratos

1. A todo nosotros nos gusta hacer cosas _____.

2. Son los diferencias que nos hacen a cada uno _____ o único.

3. Hay muchas _____ que a todo el mundo le gustan hacer.

4. ¿A ti te gustan las _____ actividades o actividades diferentes?

5. Cuando tengo tiempo libre me gusta _____ en casa tranquilamente.

6. En mis _____ libres aprovecho para leer las novelas.

E. ¡Así también se puede decir! You have heard various ways to say similar things. Write the letter of the phrase in the column on the right in the blank that corresponds to a phrase on the left.

_____ 1. muchas cosas diferentes   a. cosas similares

_____ 2. las mismas cosas   b. todo el mundo

_____ 3. hacer aeróbicos   c. ir al aire libre

_____ 4. ir al parque   d. los ratos libres

_____ 5. el tiempo libre   e. hacer ejercicios

_____ 6. todos nosotros   f. una variedad de cosas

F. **¡Ahora yo sé!** Contesta las preguntas de este capítulo.

1. What activities do the people mention?

   _____

   _____

2. Are there any differences between what they like to do and what you like to do?

   _____

   _____

3. ¿Me puedes contar qué te gusta a ti?

   _____

   _____

Capítulo 6 ¡Ésta es mi familia!

Objetivos y La cultura

VIDEO ☞ Watch the **Objetivos** and **La cultura** sections of the video for **Capítulo 6.**

A. Orientación Completa cada frase con la palabra correcta de la lista.

abuelo/abuela	hermano/hermana	madre/padre	tío/tía
esposo/esposa	hijo/hija	primo/prima	

1. El padre de mi padre es mi _____.

2. El hijo de mi padre es mi _____.

3. La hermana de mi madre es mi _____.

4. La hija de mi tío es mi _____.

5. Un hombre está casado con su _____.

B. Anticipación Escribe **V (verdad)** o **F (falso).**

_____ 1. Para los hispanos, la familia es muy importante.

_____ 2. La familia hispana normalmente es muy pequeña.

_____ 3. A los hispanos les gusta pasar mucho tiempo libre con la familia.

_____ 4. Los jóvenes no tienen mucha interacción con los abuelos y otros viejos.

_____ 5. En las familias hispanas hay mucho respeto mutuo.

El vocabulario esencial

VIDEO ☞ Watch the **Vocabulario esencial** section of the video for **Capítulo 6.**

Otras palabras y expresiones

Don/Doña	*title of respect for a man / woman*
enseñar	*to show (also means to teach)*

Vamos a escuchar

VIDEO ☞ Watch the **Vamos a escuchar** section of the video for **Capítulo 6.**

C. ¡Sí entiendo! Escribe **a** o **b** en el espacio.

_____ 1. Cuando el abuelo dice al niño «Me tienes que contar todo lo que aprendiste, eh?», eso significa que
   a. el abuelo tiene mucho interés en las actividades del niño.
   b. el abuelo es un profesor y el niño va a tener un examen mañana.

_____ 2. Cuando Marcos llama al abuelo «Don Martín», eso significa que Marcos
        a. usa su nombre completo.
        b. respeta al padre de su esposa.

_____ 3. Cuando la abuela llama a Laura «hijita», eso significa que
        a. Laura es muy joven.
        b. Laura y su madre son muy íntimas.

Escuchemos otra vez

VIDEO ☞ Watch the **Escuchemos otra vez** section of the video for **Capítulo 6.**

D. ¿Quién lo hace? As you watch this segment, pay attention to who does what during the family gathering. Then, match the people to the activities.

_____ 1. Escucha una historia.   a. la madre Laura

_____ 2. Lleva fruta para el almuerzo.   b. el padre Marcos

_____ 3. Lleva a los niños al parque.   c. el abuelo

_____ 4. Prepara y sirve la comida.   d. la abuela

_____ 5. Va a mirar un partido en la televisión.   e. el niño

_____ 6. Invita a la familia a comer.   f. la niña

_____ 7. Insiste en ir al parque con el abuelo.   g. la criada (*maid*) Juanita

_____ 8. Es la sola persona que usa la forma Ud.

E. ¿Tenías razón? Look at your answers to activity **B. Anticipación.** Were your predictions correct?

_____

F. ¡Ahora yo sé! Contesta las preguntas de este capítulo.

1. What kind of relationship do the family members have?

_____

_____

2. How do the family members interact with each other?

_____

_____

3. What responsibilities do the different family members have?

_____

_____

Unidad 2 Vistas de Chile

A. Preparación In this video segment, you will learn more about Chile. Based on what you know or have learned so far, predict what you'll see and hear by choosing **a** or **b** in the following items.

1. Chile es un país
   - a. de Centroamérica.
   - b. de la América del Sur.

2. El clima de Chile
   - a. es tropical.
   - b. depende de la altura y de la latitud.

3. La capital de Chile es
   - a. Santiago.
   - b. Valparaíso.

VIDEO ☞ Watch the **Vistas de Chile** section of the video for **Unidad 2.**

B. Observación As you watch the video segment, select **a** or **b** to complete each statement.

_____ 1. La geografía de Chile consiste en
   - a. montañas.
   - b. montañas, costa y desierto.

_____ 2. Las montañas en Chile se llaman
   - a. los Andes.
   - b. los Alpes.

_____ 3. A causa de las montañas, la mayoría de la población es
   - a. urbana.
   - b. rural.

_____ 4. Chile exporta
   - a. petróleo.
   - b. cobre.

_____ 5. Por lo general, les importa mucho a los chilenos
   - a. sus divertimientos y dinero.
   - b. su profesión y oficio.

_____ 6. Una escritora chilena quien vive ahora en los Estados Unidos es
   - a. Isabel Allende.
   - b. Pablo Neruda.

C. Comprensión Based on what you have watched, classify these various aspects of Chilean life by placing a check mark in the appropriate column.

	modernidad	tradición
1. su arquitectura colonial	_____	_____
2. sus edificios altísimos	_____	_____
3. su sistema de metro	_____	_____
4. el traje de los indígenas	_____	_____
5. su rápido ritmo de vida	_____	_____

		modernidad	tradición
6.	los artesanías en el mercado	_____	_____
7.	su equipo electrónico	_____	_____
8.	su alto nivel de industria	_____	_____
9.	su dependencia de animales	_____	_____

Capítulo 7 ¿Adónde vamos?

Objetivos y La cultura

$\boxed{VIDEO}$ ☞ Watch the **Objetivos** and **La cultura** sections of the video for **Capítulo 7.**

A.   Orientación Marca con X las diez actividades del tiempo libre que ves o oyes en estos segmentos del vídeo.

_____ ir al aeropuerto   _____ ir a la panadería

_____ ir a un bar de tapas   _____ ir al parque

_____ ir al cine   _____ platicar

_____ ir a una discoteca   _____ ir a una plaza comercial

_____ escuchar música   _____ ir a un restaurante

_____ ir a la iglesia   _____ ver televisión

B. Anticipación Let's see what you know about movies before we watch Miguel and his friends.

1. Name one movie you have seen or have heard a lot about.

    _____

2. Identify the following persons from the movie you named: an actor, the director, the director of photography.

    _____

    _____

3. Of the three persons in #2, which could you identify? Which ones are important to you and to your friends when making a decision about going to the movies?

    _____

    _____

El vocabulario esencial

$\boxed{VIDEO}$ ☞ Watch the **Vocabulario esencial** section of the video for **Capítulo 7.**

Otras palabras y expresiones

idea   *(Another cognate!)*

Nombre _____ Fecha _____

Vamos a escuchar

| VIDEO ☞ | Watch the **Vamos a escuchar** section of the video for **Capítulo 7.**

C. ¿Qué vamos a ver? As you watch this segment of the video, note what Miguel and his friends discuss about the movies. Then, match the items to their descriptions.

_____ 1. El título de una película a. Alfredo Villar

_____ 2. El título de la otra película b. Chico de la Rica

_____ 3. El director de una película c. *Clerks*

_____ 4. El director de fotografía de una película d. Daniel Calperson

_____ 5. Un actor en una película e. *El Rey león*

f. *Salto al vacío*

D. ¿Similar o diferente? Look back at your responses for activity **B. Anticipación.** How does what you know about movies compare or contrast with what Miguel and Sylvia know?

_____

_____

Escuchemos otra vez

| VIDEO ☞ | Watch the **Escuchemos otra vez** section of the video for **Capítulo 7.**

E. ¡Ahora yo sé! Contesta las preguntas de este capítulo.

1. What are the two movie choices?

_____

_____

2. Which film do Miguel and his friends finally decide to see?

_____

_____

3. How well do Miguel, Silvia, Teresa, and Juan know each other?

_____

_____

Capítulo 8 ¿Dónde está?

Objetivos y La cultura

VIDEO ☞ Watch the **Objetivos** and **La cultura** sections of the video for **Capítulo 8.**

A. Orientación As you watch, match the Spanish terms and places with their descriptions. **¡Cuidado!** Some will be used more than once, others not at all.

_____ 1. Miguel's destination outside Madrid

_____ 2. Laura's destination in Mexico City

_____ 3. Miguel's apparent mode of transportation

_____ 4. Laura's mode of transportation

_____ 5. Madrid's most expensive public transportation

_____ 6. Madrid's easiest-to-understand public transportation

_____ 7. Madrid's complicated but popular public transportation

a. Auditorio

b. un autobús

c. un coche

d. el metro

e. Paseo Linares

f. un taxi

B. Anticipación Viajas en Madrid. ¿Qué sabes de los medios de transporte?

_____ 1. Si no tienes mucho dinero, tomas
   a. un taxi.
   b. un autobús.

_____ 2. Si entiendes bien direcciones y quieres ver los edificios de la ciudad, tomas
   a. el metro.
   b. un autobús.

_____ 3. Si viajas mucho en la ciudad, es buena idea comprar (to buy)
   a. un bono bus.
   b. un estacionamiento.

El vocabulario esencial

VIDEO ☞ Watch the **Vocabulario esencial** section of the video for **Capítulo 8.**

Otras palabras y expresiones

billete	_ticket_
caro(a)	_expensive_
barato(a)	_inexpensive, cheap_
un viaje	_trip_

Vamos a escuchar

VIDEO ☞ Watch the **Vamos a escuchar** section of the video for **Capítulo 8.**

C. ¡Instrucciones! As the man gives directions to Miguel in this segment of the video, complete each of the following sentences with an item from the list provided.

el 42	un autobús directo	la Avenida Américas	el Circular
Cuatro Caminos	el metro	un taxi	el Linares

Cógete (1) _____. Pues, cógete (2) _____. Pues,

cógete (3) _____, que te lleve hasta (4) _____. Te

bajas y coges (5) _____. Éste te lleva hasta (6) _____.

Te bajas y coges (7) _____ hasta (8) _____.

D. ¿Qué sabes? Based on your observations and notes on Miguel's experience in the bus station, answer the following questions in English.

1. How many types of transportation were available to him?

   _____

2. To what does **el 42** refer?

   _____

3. How many different buses will Miguel use before he reaches his destination?

   _____

Escuchemos otra vez

| VIDEO ☞ | Watch the **Escuchemos otra vez** section of the video for **Capítulo 8.**

E. ¡Ahora yo sé! Contesta las preguntas de este capítulo.

1. How do Miguel and the commuter address each other, with **tú** or **Ud.?**

   _____

   _____

2. What is a **bono bus?** Why should Miguel buy one?

   _____

   _____

Capítulo 9 ¡La fiesta del pueblo!

Objetivos y La cultura

VIDEO ☞ Watch the **Objetivos** and **La cultura** sections of the video for **Capítulo 9.**

A. Orientación Selecciona con X las seis cosas que se refieren a las fiestas para los hispanohablantes.

_____ el Día de la Independencia   _____ una misa

_____ un examen en la escuela   _____ una corrida *(bullfight)*

_____ una celebración con la familia   _____ una comida especial con amigos

_____ un baile   _____ una celebración del santo de un pueblo

B. Anticipación Before you watch the young men planning a party, classify these questions and statements as follows:

a. general conversation   c. accepting an invitation
b. extending an invitation   d. declining an invitation

_____ 1. ¿Cómo estás?   _____ 4. Gracias. Acepto con placer.

_____ 2. No puedo. Ya tengo planes.   _____ 5. Te hablo para invitarte.

_____ 3. ¿Quieres venir?   _____ 6. Yo te llamo el domingo en cuanto
                                              llegue.

El vocabulario esencial

VIDEO ☞ Watch the **Vocabulario esencial** section of the video for **Capítulo 9.**

Otras palabras y expresiones

ayudar	*to help*
traer	*to bring*
lo que **haga falta**	*everything that is needed*

Vamos a escuchar

VIDEO ☞ Watch the **Vamos a escuchar** section of the video for **Capítulo 9.**

C. ¡Expresiones coloquiales! Escribe **a** o **b** en el espacio.

_____ 1. Una chava es
           a. una compañera de clase.   b. una chica simpática.

_____ 2. **¿Qué onda?** quiere decir
   a. ¿Qué pasa? b. ¿Quieres venir?

D. ¿Qué pasó? Does Irma accept Mauricio's invitation to the party? Why or why not?

_____

_____

Escuchemos otra vez

VIDEO ☞ Watch the **Escuchemos otra vez** section of the video for **Capítulo 9.**

E. ¡Sí entiendo! Escribe **a** o **b** en el espacio.

_____ 1. Para la fiesta, Mauricio va a traer
   a. la comida. b. la música.

_____ 2. Gilberto va a invitar a
   a. unos compañeros de clase. b. unos amigos de su equipo de fútbol.

_____ 3. Estas otras personas van a traer
   a. flores y alfombras. b. comidas y bebidas.

_____ 4. Cuando Mauricio pregunta «¿Y quién va, eh?», Gilberto contesta «Me imagino que los de siempre». Eso quiere decir que
   a. Gilberto quiere que Mauricio imagine las posibilidades.
   b. hay amigos de Gilberto y Mauricio que normalmente vienen a sus fiestas.

F. ¡Ahora yo sé! Contesta las preguntas de este capítulo.

1. Who will go to the party?

_____

_____

2. Are the people who are throwing the party organized?

_____

_____

3. What sort of planning do they do?

_____

_____

4. What hour of the evening does the party begin?

_____

_____

Unidad 3 Vistas de Costa Rica

A. Preparación In this video segment, you will learn more about Costa Rica. Based on what you know or have learned so far, predict what you'll see and hear by choosing **a** or **b** in the following items.

_____ 1. Costa Rica es un país
     a. de Centroamérica.   b. de la América del Sur.

_____ 2. El clima de Costa Rica es
     a. cálido y húmedo.   b. frío y seco.

_____ 3. La capital de Costa Rica es
     a. San José.   b. San Juan.

VIDEO ☞ Watch the **Vistas de Costa Rica** section of the video for **Unidad 3.**

B. Observación As you watch the video segment, classify the aspects of Costa Rica's diversity by checking off the appropriate category.

	plaza	selva	playa
1. los animales	___	___	___
2. los árboles	___	___	___
3. las flores	___	___	___
4. los fuentes	___	___	___
5. los insectos	___	___	___
6. los jardines	___	___	___
7. los músicos	___	___	___
8. nadar	___	___	___
9. el océano	___	___	___
10. el sol	___	___	___

C. Comprensión Based on what you have watched, complete the following statements, placing the letter of your choice in the blank.

_____ 1. Una democracia, Costa Rica es notable por

_____ 2. A diferencia de muchos países

_____ 3. En el Museo de Oro se puede ver

_____ 4. El café y las bananas

_____ 5. El hacer turismo en lugares naturales

a. muchos ejemplos de artesanías precolombinas.

b. no tiene fuerzas militares.

c. se llama ecoturismo.

d. son dos exportaciones agrícolas importantes.

e. su estabilidad política y económica.

Capítulo 10 ¿Quieres ir al centro?

Objetivos y La cultura

VIDEO ☞ Watch the **Objetivos** and **La cultura** sections of the video for **Capítulo 10.**

A. Orientación Selecciona **a** o **b** según lo que *(according to what)* ves y oyes en el vídeo.

_____ 1. Cuando Laura dice «Oiga, señorita, mire este, ¿cómo se llama?», ella
      a. llama a una chica y le pregunta su nombre.
      b. hace una pregunta respetuosamente a la mujer que vende.

_____ 2. Cuando Laura dice «Yo éste no lo había visto Juanita, ¿no? No lo conocía.», ella quiere decir que
      a. es un nuevo *(new)* producto para ella.
      b. a ella no le gusta este producto.

_____ 3. Costeño, ancho y cascabel son todos tipos de
      a. frutas.   b. chiles.

_____ 4. Cuando Laura pide cien gramos de cascabel, ella habla
      a. del color del producto que quiere.   b. de cuánto quiere de este producto.

_____ 5. La persona que toca muchas veces todos los tipos de productos es
      a. la mujer que vende.   b. Laura.

B. Anticipación How good are you at planning and shopping for a dinner party? Circle the word in each category that doesn't fit.

1. comidas   arroz / flores / chiles / ensalada

2. invitar   amigos / esposos / gatos / novios

3. destinación   biblioteca / mercado / tienda / centro comercial

El vocabulario esencial

VIDEO ☞ Watch the **Vocabulario esencial** section of the video for **Capítulo 10.**

Otras palabras y expresiones

se me olvidó   *I forgot*

Vamos a escuchar

VIDEO ☞ Watch the **Vamos a escuchar** section of the video for **Capítulo 10.**

C. **¿En qué consiste la comida mexicana?** As you watch this segment of the video, write the numbers 1, 2, 3, etc. in the blanks to indicate the order in which you see or hear about the ingredients for the dinner party. Put an X in front of the ingredients that you do not see or hear about.

_____	ancho	_____	costeño	_____	pasilla
_____	arroz	_____	crema	_____	piñón
_____	cascabel	_____	ensalada	_____	tortillas
_____	chicharitos	_____	frijoles	_____	vinagreta
_____	chile molito	_____	nueces		

D. **¡Comamos una comida mexicana!** Based on what you have seen and heard in this segment of the video, answer the following questions in English about ingredients in Mexican foods.

1. Look at activity **B. Anticipación** #1. Did you select the correct intruder?

   _____

2. How many of the ingredients in activity C do you recognize? Are these ingredients ones you typically think of when you think of Mexican cooking?

   _____

   _____

3. How are the foods and ingredients you have seen and heard about in this segment similar to or different from the ones that you normally eat?

   _____

   _____

Escuchemos otra vez

VIDEO ☞ Watch the **Escuchemos otra vez** section of the video for **Capítulo 10.**

E. **¡Ahora yo sé!** Contesta las preguntas de este capítulo.

1. How many people are coming to dinner?

   _____

   _____

2. What cultural similarities and differences did you notice?

   _____

   _____

Capítulo 11 Vamos a tomar el metro

Objetivos y La cultura

VIDEO ☞ Watch the **Objetivos** and **La cultura** sections of the video for **Capítulo 11.**

A. Orientación Selecciona **a** o **b** según lo que ves y oyes en el vídeo.

_____ 1. El metro de la Ciudad de México es
    a. muy viejo.   b. bastante nuevo.

_____ 2. En la estación de metro hay
    a. exposiciones artísticas.   b. hoteles y restaurantes.

_____ 3. Si quieres viajar lejos de la Ciudad de México, debes usar
    a. el camión.   b. el metro.

_____ 4. Si quieres un medio de transporte muy barato y rápido en los límites de la
Ciudad de México, usas
    a. el camión.   b. el metro.

B. Anticipación Let's review the terms needed to travel around by subway. Match the description with the Spanish term.

_____ 1. entrance   a. bajar

_____ 2. subway map   b. barato

_____ 3. schedule   c. billete sencillo

_____ 4. (subway) line   d. cambiar

_____ 5. ticket booth   e. entrada

_____ 6. a one-way ticket   f. horario

_____ 7. five-day travel pass   g. línea

_____ 8. discount card   h. metrotour de cinco días

_____ 9. to change   i. plano de metro

_____ 10. to get off   j. taquilla

                                       k. tarjeta de abono

El vocabulario esencial

VIDEO ☞ Watch the **Vocabulario esencial** section of the video for **Capítulo 11.**

Otras palabras y expresiones

transbordar   *to transfer*

Vamos a escuchar

VIDEO ☞ Watch the **Vamos a escuchar** section of the video for **Capítulo 11.**

C. ¡Líneas, estaciones, destinaciones! Listening to a series of directions can be a challenge. As you listen to this segment, classify the information you hear and see by placing a check in the appropriate category.

	destinación	estación	línea
1. Bellas Artes	____	____	____
2. Cuatro Caminos	____	____	____
3. Tacuba	____	____	____
4. Barranca del Muerto	____	____	____
5. Auditorio	____	____	____

D. ¡Sí entiendo! Answer the following questions after viewing this segment of the video.

1. In this segment, Laura refers to the lines she will take in two ways, one of which is the name of an area of town. What's the other way she refers to the lines?

_____

2. How many different lines will she take?

_____

Escuchemos otra vez

VIDEO ☞ Watch the **Escuchemos otra vez** section of the video for **Capítulo 11.**

E. ¡Ahora yo sé! Contesta las preguntas de este capítulo.

1. Where does Laura purchase her ticket?

_____

_____

2. What stop is Laura's final destination?

_____

_____

Capítulo 12 ¿Cómo vamos?

Objetivos y La cultura

VIDEO ☞ Watch the **Objetivos** and **La cultura** sections of the video for **Capítulo 12.**

A. Orientación Selecciona **a** o **b** según lo que ves y oyes en el vídeo.

_____ 1. Alta velocidad quiere decir que el tren es
        a. muy rápido.   b. muy grande y largo.

_____ 2. AVE es un buen nombre por el tren porque ave es un sinónimo por
        a. energía.   b. pájaro.

_____ 3. Cuando Fernando habla de su visita en Madrid, es evidente que él es
        a. turista.   b. hombre de negocios.

_____ 4. Para viajar de Sevilla a Madrid, el AVE tarda
        a. menos de tres horas.   b. más de tres horas.

_____ 5. El narrador dice que el AVE, en comparación con un avión, es más
        a. barato.   b. conveniente.

B. Anticipación Match these typical questions about plans for a trip with the appropriate responses.

_____ 1. ¿Adónde quieres viajar?   a. A las 5:00 de la tarde.

_____ 2. ¿Cómo quisieras viajar?   b. Primera clase.

_____ 3. ¿Cuántas personas viajan?   c. Con tarjeta de crédito.

_____ 4. ¿Qué día quieres salir (to leave)?   d. No, gracias, yo tengo papel.

_____ 5. ¿A qué hora quieres salir?   e. En avión.

_____ 6. ¿Qué categoría de billete quieres?   f. Mi amigo y yo. Somos dos.

_____ 7. ¿Cómo vas a pagar?   g. A Sevilla.

                                              h. El miércoles.

El vocabulario esencial

VIDEO ☞ Watch the **Vocabulario esencial** section of the video for **Capítulo 12.**

Otras palabras y expresiones

salir   *to leave*
el trayecto   sinónimo por **el viaje**

Vamos a escuchar

VIDEO ☞ Watch the **Vamos a escuchar** section of the video for **Capítulo 12.**

C. ¡Carmen planea un viaje! As you watch this segment of the video, answer these questions about Carmen's travel plans in Spanish.

1. ¿Adónde quiere ella viajar?

_____

2. ¿Qué día quiere salir?

_____

3. ¿Cómo quisiera viajar?

_____

4. ¿A qué hora quiere llegar?

_____

5. ¿Cuántas personas viajan?

_____

6. ¿Qué categoría de billete quiere?

_____

7. ¿Cómo va a pagar?

_____

Escuchemos otra vez

VIDEO ☞ Watch the **Escuchemos otra vez** section of the video for **Capítulo 12.**

D. ¡Ahora yo sé! Contesta las preguntas de este capítulo.

1. What are the specific dates of Carmen's travel plans?

_____

_____

2. How long does she want to stay in Madrid?

_____

_____

3. What method of payment does she use?

_____

_____

Unidad 4 Vistas de México

A. Preparación In this video segment, you will learn more about Mexico. Based on what you know or have learned so far, predict what you'll see and hear by choosing **a** or **b** in the following items.

_____ 1. México es un país
       a. de Centroamérica.   b. de la América del Norte.

_____ 2. Cuando vas al mercado en México, vas a pagar con
       a. pesetas.   b. pesos.

_____ 3. La capital de México se llama la Ciudad de México o
       a. la Ciudad Central, o C.C. b. el Distrito Federal, o D.F.

VIDEO ☞ Watch the **Vistas de México** section of the video for **Unidad 4.**

B. Observación As you watch the video segment, circle the word in each category that you do not see or hear about.

1. La agricultura   frutas / té / vegetales / maíz

2. La ganadería   oeste / cowboys / vaquero / matador

3. Las artesanías   coches / piñatas / juguetes / muebles

4. La capital   mercados / catedrales / océano / metro

5. De raíces indígenas   templos / estacionamientos / ruinas / pirámides

6. Recreación   mariachis / televisión / jai alai / fútbol

C. Comprensión Select the correct response based on what you saw and heard in the video.

_____ 1. En México y en los que ahora es el oeste de los Estados Unidos los españoles introdujeron
       a. la ganadería.   b. el maíz.

_____ 2. Los artesanos en México aprenden su arte de
       a. sus padres y abuelos.
       b. libros y vídeos de España y de los Estados Unidos.

_____ 3. La Ciudad de México es única porque
       a. no hay transporte público. b. es la ciudad más grande del mundo.

_____ 4. En la Ciudad de México viven
       a. 9 millones de habitantes, aproximadamente.
       b. 22 millones de habitantes, aproximadamente.

_____ 5. La Ciudad de México está construida
     a. cerca de la costa del Océano Pacífico.
     b. sobre las ruinas de una ciudad azteca.

_____ 6. En el sudeste de México y en la Península Yucatán se ven los antiguos edificios de
     a. los mayas.   b. los incas.

_____ 7. Los mariachis son
     a. jugadores famosos de jai alai.   b. grupos musicales.

Capítulo 13 Los pasatiempos

Objetivos y La cultura

VIDEO ☞ Watch the **Objetivos** and **La cultura** sections of the video for **Capítulo 13.**

A. Orientación As you watch this segment of the video, write the numbers 1, 2, 3, etc. in the blanks in the order in which you see people engaging in various activities.

_____ Una familia juega al fútbol en el parque.

_____ Una familia mira televisión en su casa.

_____ Un joven toca la guitarra.

_____ Un joven escucha música.

_____ Unas personas van al cine.

_____ Unas personas caminan cerca de un museo grande en una ciudad.

_____ Dos jóvenes hablan por teléfono.

B. Anticipación List some leisure-time activities in Spanish that each of the following types of people would enjoy doing.

1. You

   _____

   _____

2. Your parents

   _____

   _____

3. Your grandparents

   _____

   _____

4. A young child

   _____

   _____

El vocabulario esencial

VIDEO ☞ Watch the **Vocabulario esencial** section of the video for **Capítulo 13.**

Otras palabras y expresiones

las caricaturas   cartoons
los bosques   woods

Vamos a escuchar

VIDEO ☞ Watch the **Vamos a escuchar** section of the video for **Capítulo 13.**

C. **¡Los muchos pasatiempos de Martín!** As you listen to this segment, categorize Martín's activities by writing the letter of the activity on the appropriate line. Then answer the final question in English.

a. hacer la tarea   d. jugar al fútbol
b. ir al cine   e. salir con sus papás
c. ir al parque

1. Lo que a Martín le gusta hacer:

     _____

2. Lo que Martín hizo el fin de semana pasado:

     _____

3. Lo que Martín va a hacer el otro fin de semana:

     _____

4. Which activity appeared in all three categories?

     _____

Escuchemos otra vez

VIDEO ☞ Watch the **Escuchemos otra vez** section of the video for **Capítulo 13.**

D. **¿A quién le gusta qué?** Cuando oyes una actividad, marca la categoría que indica la persona que hace la actividad.

	Niño(a)	Joven	Adulto(a)
1. hacer una misa de presentación	____	____	____
2. ir a la discoteca	____	____	____

	Niño(a)	Joven	Adulto(a)
3. ir a un baile	____	____	____
4. ir a una obra de teatro	____	____	____
5. ir al parque	____	____	____
6. jugar al básquetbol	____	____	____
7. jugar al fútbol	____	____	____
8. salir en la noche con amigos	____	____	____
9. platicar con amigos	____	____	____
10. ver la televisión	____	____	____

E. ¿Cómo compara? Look at your answers to activity **B. Anticipación.** How do the activities you chose for the various age groups compare to the choices made by the people in this video segment?

_____

_____

F. ¡Ahora yo sé! Contesta las preguntas de este capítulo.

1. What do different people like to do with their free time?

_____

_____

2. Does age play a role in how people spend their free time?

_____

_____

Capítulo 14 Actividades deportivas

Objetivos y La cultura

$\boxed{\textit{VIDEO} \ \text{☞}}$ Watch the **Objetivos** and **La cultura** sections of the video for **Capítulo 14.**

A. Orientación Selecciona a o b según lo que ves y oyes en estos segmentos del vídeo.

_____ 1. Paloma va al gimnasio
   a. para jugar a diferentes deportes con unas amigas.
   b. para mantenerse en forma para el verano.

_____ 2. Paloma va al gimnasio
   a. cada día.   b. una o dos veces por semana.

_____ 3. Paloma va al gimnasio
   a. a la una por la tarde.   b. a las ocho por la noche.

_____ 4. Paloma pasa
   a. una hora al gimnasio.   b. dos horas al gimnasio.

_____ 5. Cuando va al gimnasio, Paloma
   a. juega al tenis y al vólibol.
   b. hace aeróbicos, monta en bicicleta y corre.

_____ 6. A Paloma le gusta más
   a. el tenis.   b. la bicicleta.

B. Anticipación Match the questions with the information in activity **A. Orientación** and write the number of the appropriate item in the blanks.

Pregunta	Número en Actividad A
¿Qué tipo de ejercicio es el que más le gusta a Paloma?	_____
¿Cuánto tiempo pasa Paloma al gimnasio?	_____
¿Qué tipo de ejercicio hace Paloma?	_____
¿Con qué frecuencia va Paloma al gimnasio?	_____
¿Por qué va Paloma al gimnasio?	_____
¿A qué hora va Paloma al gimnasio?	_____

El vocabulario esencial

$\boxed{\textit{VIDEO} \ \text{☞}}$ Watch the **Vocabulario esencial** section of the video for **Capítulo 14.**

Otras palabras y expresiones

relajar   *to relax*
relajando   *relaxing*

Vamos a escuchar

VIDEO ☞ Watch the **Vamos a escuchar** section of the video for **Capítulo 14.**

C. ¿Quiénes van al gimnasio? After watching this segment of the video, read this excerpt of José's answer to the interviewer's question and do the items that follow.

«...ahorita....está cambiando porque antiguamente venían mucho hombres....y

hoy....es un deporte más ya mixto. Cada día hay más chicas que se animan más a

hacer este tipo de deporte...»

1. Underline the word that means "formerly."
2. Put an X above the word that means "more."
3. Put a box around the words that mean "they decide."
4. Circle the words that mean "is changing."
5. Write in English a summary in your own words of José's answer to the interviewer.

_____

_____

_____

_____

_____

Escuchemos otra vez

VIDEO ☞ Watch the **Escuchemos otra vez** section of the video for **Capítulo 14.**

D. ¿Por qué van al gimnasio? Escribe **V (verdad)** o **F (falso)** según lo que oyes y ves en este segmento del vídeo.

_____ 1. El trabajo de José es ayudar a la gente nueva quienes van al gimnasio.

_____ 2. Según José, ahora la mayoría de la gente en el gimnasio son las mujeres.

_____ 3. Según José, el motivo principal para venir la gente al gimnasio es engordar y tener más musculatura.

_____ 4. Según José, el ejercicio ayuda a una persona a relajar cuando se estresa.

_____ 5. Roberto está en el gimnasio para adelgazar.

_____ 6. La señorita está en el gimnasio para mantenerse en forma.

_____ 7. La señorita va al gimnasio dos días por semana.

E. ¡Ahora entiendo mucho de las actividades deportivas! Answer the following questions in Spanish based on what you have seen and learned about in this chapter of the video.

1. ¿Por qué va la gente al gimnasio?

_____

_____

2. ¿Con qué frecuencia va la gente al gimnasio?

_____

_____

3. ¿Cuánto tiempo pasa la gente al gimnasio?

_____

_____

4. ¿Qué tipos de ejercicios hace la gente?

_____

_____

F. ¡Ahora yo sé! Contesta la pregunta de este capítulo.

1. Why do these people go to the gym?

_____

_____

_____

_____

Capítulo 15 Dos deportes populares

Objetivos y La cultura

VIDEO ☞ Watch the **Objetivos** and **La cultura** sections of the video for **Capítulo 15.**

A. Orientación Selecciona del vocabulario de la lista lo que oyes en estos segmentos del vídeo y escribe las palabras en los blancos.

artes   beneficio   deportistas   habilidad   héroes   ligue   personalidad   relación

Entrevistadora: «¿Sienten que a veces son los (1) _____ y eso les permite

mayor (2) _____ con [las muchachas]… o que los admiran

por sus (3) _____ en el fútbol?»

Joven A: «Ya depende de la (4) _____ de cada uno, ¿no? La (5)

_____ o la (6) _____ que tengan para

comunicarse con las muchachas…. Pero… que obtengas algún (7)

_____ con las muchachas por jugar, no.»

Joven B: «… No se da mucho que seamos realmente los grandes (8) _____

de la universidad.»

B. Anticipación Answer the following questions in English.

1. What kind of grading system do you have in your school? Do you use letters, numbers, and/or percentages? What average do you need to pass? What averages(s) do you need to be accepted into honor societies or to receive scholarships?

_____

_____

_____

2. What kinds of sports do students play in your school? Is there a sport that is especially popular with students? Do community members come to see your school's sports? Is there any particular one that gets more attention from community members?

_____

_____

_____

Nombre _____ Fecha _____

El vocabulario esencial

VIDEO ☞ Watch the **Vocabulario esencial** section of the video for **Capítulo 15.**

Otras palabras y expresiones

cumplir	*to obtain*
cumplir con	*to comply with*
por ciento	*percent*
exigir	*to require, to demand*
la mitad	*half*
un partido (de fútbol)	*a (soccer) game*

Vamos a escuchar

VIDEO ☞ Watch the **Vamos a escuchar** section of the video for **Capítulo 15.**

C. Requisitos y estadísticas Empareja *(Match)* la información según lo que oyes en este segmento del vídeo.

a. 25%–50%
b. 50% o más
c. 5,0–8,0 promedio
d. 8,0–8,5 promedio

_____ 1. Los requisitos académicos de la universidad para recibir una beca.

_____ 2. El porcentaje del precio de la universidad pagado por una beca.

_____ 3. El porcentaje de jugadores de fútbol que reciben una beca.

Escuchemos otra vez

VIDEO ☞ Watch the **Escuchemos otra vez** section of the video for **Capítulo 15.**

D. ¿Qué exigen? As you listen to this segment of the video, check off each time one of the following characteristics of soccer players is mentioned. Then, answer the final questions in English. **¡Cuidado!** You may have more than one check next to some characteristics, and none next to others.

_____ un buen sentido del humor   _____ el gustar del fútbol

_____ la disciplina   _____ el honor

_____ el gustar de la fama

Which characteristic was mentioned most often? Why do you think that is so?

_____

_____

E. El papel *(role)* **del fútbol** Selecciona **a** o **b** según lo que oyes en este segmento del vídeo.

_____ 1. Los jóvenes quieren que la entrevistadora comprenda que
   a. no es fácil recibir una beca.
   b. ellos reciben muchísimo dinero a causa de su habilidad atlética.

_____ 2. Los jóvenes explican que los jugadores de fútbol vienen a la universidad porque
   a. les gusta el dinero que reciben de la beca.
   b. les gusta jugar al fútbol.

_____ 3. Los jóvenes dicen que el fútbol
   a. tiene mucha importancia e influencia en la sociedad mexicana.
   b. es importante para los jóvenes y sus amigos, pero para los adultos, no.

_____ 4. El entrenador explica que los jugadores entrenan
   a. unos dos o tres horas los sábados, antes de los partidos.
   b. unas diez o doce horas en horas promedio.

_____ 5. Cuando el entrenador dice «Es comportamiento del ser humano, en realidad, ¿no?», él habla
   a. de la disciplina.   b. del amor del dinero.

F. ¿Similar o diferente? Look back at your responses for activity **B. Anticipación.** How do your experiences compare and contrast with those of the soccer players?

_____

_____

_____

G. ¡Ahora yo sé! Contesta las preguntas de este capítulo.

1. Is it easy to earn a scholarship?

_____

_____

2. What kind of dedication to the sport do the players exhibit?

_____

_____

3. What role does soccer play in Mexican society today?

_____

_____

Unidad 5 Vistas de Miami

A. Preparación In this video segment, you will learn more about Miami. Based on what you know or have learned so far, predict what you'll see and hear by writing **V (Verdad)** or **F (Falso)** in the blanks.

_____ 1. Miami es la capital de la Florida.

_____ 2. Miami es una ciudad famosa por su energía y su población variada.

_____ 3. En Miami viven muchas personas de herencia cubana.

_____ 4. A todos miamenses no les gusta hablar el español, un símbolo del pasado.

| *VIDEO* ☞ | Watch the **Vistas de Miami** section of the video for **Unidad 5.**

B. Observación As you watch, write the numbers 1, 2, 3, etc. in the blanks to indicate the order in which you see the following scenes in Miami.

_____ la bandera cubana en la pared de una tienda

_____ el periódico *Nuevo Herald*

_____ un menú en español en un café

_____ un hombre que vende churros en la calle

_____ un señal *(sign)* de la Calle Ocho

_____ unos hombres que juegan al dominó

_____ una tienda que vende ropa de Cuba y de la América Latina

C. Comprensión Select the correct response based on what you have seen and heard in the video.

_____ 1. Muchos cubanoamericanos viven en la sección de Miami que se llama
        a. el Barrio de la Raza.   b. Pequeña Havana.

_____ 2. La Calle Ocho es conocida internacionalmente por
        a. sus festivales de música latina.   b. sus edificios de gobierno muy altos.

_____ 3. Se ve mucho la lengua española en esta zona porque
        a. la gente, bien que sea bilingüe, quiere conservar su cultura.
        b. nadie sabe hablar inglés.

_____ 4. Una merienda típica popular de la zona es
        a. el capuchino, un café italiano con crema.
        b. los churros, unos pastelitos muy ricos.

_____ 5. Un juego muy popular en los países caribeños es
a. el básquetbol.   b. el dominó.

_____ 6. Un símbolo de la comunidad y la tradición de la gente de esta zona es
a. la bandera cubana.   b. la música mariachi.

Nombre _____ Fecha _____

Capítulo 16 Vamos al centro comercial

Objetivos y La cultura

VIDEO ☞ Watch the **Objetivos** and **La cultura** sections of the video for **Capítulo 16.**

A. Orientación Complete the following analogies by writing the words from the list in the blanks.

A la Moda   centro comercial   tienda   variedad

1. individual:grupo:: tienda: _____

2. grande:pequeño::almacén: _____

3. mismo:diferente::monotonía: _____

4. porción:todo::Galerías Preciados: _____

B. Anticipación Answer the following questions in English.

1. Where do you usually shop for clothes—at individual stores or in a mall? Why?

_____

_____

2. List the kind of clothing you usually buy. Why do you choose these clothes?

_____

_____

3. What factors are important to you in deciding where to shop and what to buy?

_____

_____

El vocabulario esencial

VIDEO ☞ Watch the **Vocabulario esencial** section of the video for **Capítulo 16.**

Otras palabras y expresiones

el almacén	*department store*	**la falda**	*skirt*
la calidad	*quality (cognate)*	**los pantalones**	*pants*
la ropa	*clothing*	**los vaqueros**	*jeans*
el bañador	*swimsuit*	**el vestido**	*dress*
la camiseta	*T-shirt*		

Vamos a escuchar

$\boxed{\textit{VIDEO} \;\text{☞}}$ Watch the **Vamos a escuchar** section of the video for **Capítulo 16.**

C. ¿Qué ropa les gusta comprar? As you watch this segment of the video, note who referred to these types of clothes by placing a check in the appropriate column. **¡Cuidado!** Both Elena and Daniel may refer to the same item.

		Elena	Daniel
1.	bañador	____	____
2.	camiseta	____	____
3.	falda	____	____
4.	pantalones	____	____
5.	ropa de calle	____	____
6.	ropa de boda	____	____
7.	vaqueros	____	____
8.	vestido	____	____
9.	zapatillas	____	____

Escuchemos otra vez

$\boxed{\textit{VIDEO} \;\text{☞}}$ Watch the **Escuchemos otra vez** section of the video for **Capítulo 16.**

D. Los gustos de la ropa Based on what you have seen and heard, classify the following shopping behavior as that of Elena or Daniel.

		Elena	Daniel
1.	Va frecuentemente para comprar la ropa.	____	____
2.	Gasta mucho dinero en ropa.	____	____
3.	Le preocupa mucho en vestirse bien.	____	____
4.	Va adonde hay ropa que le gusta, sea centro comercial o no.	____	____
5.	Le importa mucho no estar pasado de moda.	____	____
6.	Va a decir «Es necesario que me queda bien.»	____	____
7.	La calidad de la ropa es muy importante.	____	____

8. El servicio en la tienda o el almacén es importante. _____ _____

9. La marca no es importante de ninguna manera. _____ _____

10. En general, la ropa y el comprar de ropa es importante. _____ _____

E. **¡Te toca a ti!** Look back at your responses for activity **B. Anticipación** and activity **D. Los gustos de ropa.** How do your likes and patterns of behavior compare with those of Elena and Daniel? Which person are you more like? Why?

_____

_____

_____

_____

F. **¡Ahora yo sé!** Contesta las preguntas de este capítulo.

1. What are Elena and Daniel wearing?

_____

_____

2. What is important to each person about his or her clothing?

_____

_____

Capítulo 17 ¿Cuánto cuesta… ?

Objetivos y La cultura

VIDEO ☞ Watch the **Objetivos** and **La cultura** sections of the video for **Capítulo 17.**

A. Orientación As you watch this segment of the video, rewrite Carmen and the agent's questions and statements in the proper order.

1. ¿ ? / vuelta / precio / dice / favor / ida / el / de / por / me / y

_____

2. precios / AVE / tres / distintos / hay / el / en

_____

3. ¿ ? / hacer / tarjeta / pago / puedo / lo / el / con

_____

B. Anticipación Before you ask what something costs, let's review the names for money in the cultures you have studied in your textbook. Match the currency name with the country. **¡Cuidado!** Several countries may share the same name.

_____ 1. Puerto Rico   a. bolívar

_____ 2. Ecuador   b. colón

_____ 3. Chile   c. dólar

_____ 4. Honduras   d. lempira

_____ 5. Costa Rica   e. peseta

_____ 6. México   f. peso

_____ 7. los Estados Unidos   g. sucre

_____ 8. Venezuela

_____ 9. El Salvador

_____ 10. España

El vocabulario esencial

VIDEO ☞ Watch the **Vocabulario esencial** section of the video for **Capítulo 17.**

Nombre _____ Fecha _____

Otras palabras y expresiones

la moneda	*currency*
una moneda	*a coin*
el cambio	*exchange rate*
la cuenta	*bill (to be paid)*
pagar en efectivo	*to pay in cash*
pagar con tarjeta de crédito	*to pay by credit card*
pagar con cheque	*to pay by check*

Vamos a escuchar

VIDEO ☞ Watch the **Vamos a escuchar** section of the video for **Capítulo 17.**

C. ¿Cuánto cuesta? As you watch this segment of the video, write the amounts to be paid (in numbers) in the blanks. Then, write your response to the final item in Spanish. Because hearing numbers accurately in another language can be challenging, you may wish to review numbers in your textbook before beginning this activity.

Conversación #1

Agente: «En el AVE hay ... tres categorías distintas. Clase turista cuesta (1) _____ pesetas ... en preferente (2) _____ ... y en club (3) _____ ...»

Conversación #2

Miguel: «¿Cuánto es?»

Farmacéutica: «Voy a verlo. (4) _____ pesetas.»

Miguel: «Aquí tienes...»

Farmacéutica: «(5) _____ ... (6) _____ , (7) _____ y (8) _____ pesetas.»

Análisis

Explica cómo el nombre de la moneda indica el país donde estas personas hablan.

_____

D. ¿Pero, ¿cuánto es? Now that you know how much something costs in the currency of the country you're visiting, how much American money will you need to exchange? Circle the amount of money you'll need at today's exchange rate (but don't forget to check for the new rate tomorrow!). Refer to the model provided for España.

País	Cambio	Cuesta	$ U.S. necesario
España	150,57	145 ptas.	$1
1. España	150,57	7.250 ptas.	¿$50 o $75?
2. México	8,48	$1.695	¿$20 o $200?
3. Venezuela	537,65	17.500 B	¿$35 o $350?

Escuchemos otra vez

VIDEO ☞ Watch the **Escuchemos otra vez** section of the video for **Capítulo 17.**

E. **¿Cómo prefieres pagar?** Selecciona **a** o **b** según lo que oyes y ves en este segmento del vídeo.

_____ 1. Carmen está en la agencia de viajes para
   a. comprar un billete para un viaje en tren.
   b. conseguir un mapa de Madrid y hacer una reservación en un hotel.

_____ 2. Carmen decide tomar la clase turista porque
   a. es más barata.   b. le gusta mirar por la ventana.

_____ 3. Carmen prefiere pagar
   a. en efectivo.   b. con tarjeta.

_____ 4. Miguel está en la farmacia porque
   a. quiere comprar algunas necesidades para su madre.
   b. no se siente bien.

_____ 5. Miguel compra
   a. unos medicamentos y artículos para el baño.
   b. unos cuadernos y artículos para la universidad.

_____ 6. Miguel paga
   a. en efectivo.   b. con tarjeta.

F. **¡Ahora yo sé!** Contesta las preguntas de este capítulo.

1. What are the specific payment methods shown in the Escuchemos otra vez segment?

_____

_____

2. What are the people in the video buying?

_____

_____

Capítulo 18 ¿Qué quieres comprar?

Objetivos y La cultura

VIDEO ☞ Watch the **Objetivos** and **La cultura** sections of the video for **Capítulo 18.**

A. Orientación Selecciona **a** o **b** según lo que ves y oyes en este segmento del vídeo.

_____ 1. Laura se disculpa porque
       a. se le olvidó la reunión con su amiga.
       b. llega tarde.

_____ 2. La amiga empieza la conversación diciendo
       a. que hay una tienda donde hay buena ropa.
       b. que quiere tomar un poco de café con su amiga.

_____ 3. Laura dice que
       a. hay algo que quiere comprar en una tienda de ropa.
       b. no le interesa en comprar ropa, sino en conversar con su amiga y tomar un poquito.

B. Anticipación Escribe la palabra que completa lógicamente cada analogía.

1. pantalones:camiseta::falda: _____ abrigo

2. menos:más::camiseta: _____ blusa

3. calcetines:medias::zapatos de tenis: _____ moderno

4. zapatería:tienda de ropa::bota: _____ peor

5. más:menos::mejor: _____ vestido

6. mayor:menor::antiguo: _____ zapatos de tacón

El vocabulario esencial

VIDEO ☞ Watch the **Vocabulario esencial** section of the video for **Capítulo 18.**

Otras palabras y expresiones

lindo(a)	*pretty, lovely*
te va	*it looks nice on you*
las prendas (de vestir)	*clothing*

Vamos a escuchar

VIDEO ☞ Watch the **Vamos a escuchar** section of the video for **Capítulo 18.**

C. **¡Hablemos de prendas de vestir!** As you watch this segment of the video, classify the information you see and hear by placing a check in the appropriate category.

	prenda	tela	color
1. azul	____	____	____
2. chaleco	____	____	____
3. falda	____	____	____
4. lino	____	____	____
5. pana	____	____	____
6. rosa	____	____	____
7. saco	____	____	____
8. top	____	____	____
9. traje sastre	____	____	____

D. **¿Las reconoces?** As a final practice of cognates, write the English equivalent for each of the following Spanish terms found in this segment of the video.

1. precioso _____   5. rico _____

2. otro _____   6. perfecto _____

3. colores _____   7. combinar _____

4. precio _____   8. excelente _____

Escuchemos otra vez

VIDEO ☞ Watch the **Escuchemos otra vez** section of the video for **Capítulo 18.**

E. **¡Sí entiendo!** Selecciona **a** o **b** según lo que oyes y ves en este segmento del vídeo.

____ 1. Laura busca
   a. un vestido.   b. un traje sastre.

____ 2. La dependienta dice que el color que le va mejor a Laura es
   a. el rosa.   b. el azul.

____ 3. La persona que toca más las prendas e invita a las otras de tocarlas es
   a. la dependienta.   b. Laura.

_____ 4. Los movimientos y gestos de Laura y su amiga indican que
   a. ellas son impacientes y quieren salir de la tienda si pronto como posible.
   b. a ellas les gustan mucho las prendas que ven en la tienda.

_____ 5. Laura usa el vestidor para
   a. probar las prendas.   b. pagar la cuenta para las prendas.

_____ 6. Cuando Laura dice «Se siente muy suavecita la tela, ¿verdad?», quiere decir
   a. que le gusta mucho el color.   b. que le gusta tocar la tela.

_____ 7. En total, el saco y la falda cuestan
   a. 358 pesos.   b. 828 pesos.

F. ¡Ahora yo sé! Contesta las preguntas de este capítulo.

1. How many articles of clothing does Laura buy and what color are they?

   _____

   _____

2. Are Laura and her friend in a department store or in a boutique?

   _____

   _____

Unidad 6 Vistas de Venezuela

A. Preparación In this video segment, you will learn more about Venezuela. Based on what you know or have learned so far, predict what you'll see and hear by choosing **a** or **b** in the following items.

_____ 1. Venezuela es un país
   a. de Centroamérica.   b. de la América del Sur.

_____ 2. La gente que viven en la capital de Venezuela se llaman
   a. caraqueños.   b. costarricenses.

_____ 3. La moneda, el bolívar, es nombrado por
   a. un animal indígena de las montañas.
   b. un gran héroe de la lucha para la independencia.

VIDEO ☞ Watch the **Vistas de Venezuela** section of the video for **Unidad 6.**

B. Observación As you watch, write the numbers 1, 2, 3, etc. in the blanks to indicate the order in which you see these scenes.

_____ Unos grupos de músicos tocan instrumentos diversos.

_____ Unos jóvenes van a las tiendas de música para comprar discos compactos.

_____ La gente está en el mercado.

_____ La gente usa el sistema de metro.

_____ Unos jóvenes platican y trabajan en la escuela.

_____ Vemos el Panteón Nacional.

_____ La gente se reúne en los cafés.

_____ Unos jóvenes relajan con juegos de vídeo.

_____ Unas familias pasean y juegan en un parque.

_____ Vemos unos monumentos a los héroes de la lucha para la independencia.

C. Comprensión Select the correct response based on what you have seen and heard in the video.

_____ 1. Caracas está situada entre
   a. el Mar Caribe y la cordillera Caribe.
   b. el Océano Pacífico y los Andes.

_____ 2. Caracas tiene un buen sistema de metro, como en
   a. el Distrito Federal y Santiago.   b. Miami y San Juan.

_____ 3. En el centro de Caracas se ven unas torres que se llaman
    a. las Torres de la Independencia.   b. las Torres de Silencio.

_____ 4. El Panteón Nacional es un ejemplo impresionante
    a. de la arquitectura colonial.
    b. de la arquitectura moderna surrealista.

_____ 5. También se ven estatuas, como la del héroe venezolano
    a. Antonio José de Sucre.   b. José Antonio Páez.

_____ 6. Hay monumentos al «George Washington de Sudamérica»,
    a. Francisco de Miranda.   b. Simón Bolívar.

_____ 7. Es evidente que Caracas es una ciudad
    a. relajada, pero con energía.
    b. con muchos problemas económicos y políticos.

Answer Key

Capítulo 1

A. 1. unos cafés informales 2. personas al aire libre 3. muchas personas 4. refrescos y bocadillos 5. las personas comen y hablan

B. 1. b 2. a 3. b 4. a

C. 1. b 2. a 3. b 4. a 5. b

Capítulo 2

A. 1. personas en un interior 2. a jóvenes y a adultos 3. refrescos y meriendas 4. las tapas 5. los calamares

B. 1, 3, 4, 6, 7

C. 1. V 2. V 3. F 4. F

D. tortilla, calamares, ensaladilla rusa, café

Capítulo 3

A. arroz, burritos, enchiladas de carne, enchiladas de pollo, ensalada, frijoles, guacamole, pan árabe, salsa, sopa de hongos, tacos, tortillas

B. 1. R 2. T 3. T 4. R

C. 1. a, b, d, e 2. d, e 3. d, g 4. faroladas

D. bonito, delicioso, económico, rico, sabroso

Unidad 1

A. 1. a 2. b 3. b

B. el arte, colonial, Mar Caribe, moderna, la música, el recreo, el turismo

C. 1. F 2. V 3. F 4. V 5. V

Capítulo 4

A. 1. b 2. a 3. e 4. c 5. f

B. 1. bolsa 2. lápiz 3. grabadora 4. mochila

C. cocina, salón, patio, cuarto, cuarto de baño; not presented: garaje

D. 1. b 2. b 3. a 4. a

Capítulo 5

A. el agua, el cine, correr, escuchar, el fútbol, hablar, leer, mirar, un parque, practicar

B. Martín: 2, 3, 5, 6 Mónica: 1, 4

C. 1. diferentes 2. individual 3. actividades 4. mismas 5. quedarme 6. ratos

D. 1. f 2. a 3. e 4. c 5. d 6. b

Capítulo 6

A. 1. abuelo 2. hermano 3. tía 4. prima 5. esposa

B. 1. V 2. F 3. V 4. F 5. V

C. 1. a 2. b 3. b

D. 1. c 2. d 3. c 4. g 5. b 6. a 7. f 8. g

Unidad 2

A. 1. b 2. b 3. a

B. 1. b 2. a 3. a 4. b 5. b 6. a

C. Modernidad: 2, 3, 5, 7, 8 Tradición: 1, 4, 6, 9

Capítulo 7

A. ir al aeropuerto, ir a un bar de tapas, ir al cine, ir a una discoteca, escuchar música, ir al parque, platicar, ir a una plaza comercial, ir a un restaurante, ver televisión

C. 1. c or f 2. c or f 3. d 4. b 5. a

E. 1. *Salto al vacío* and *Clerks* 2. *Salto al vacío* 3. Miguel and Silvia know each other well. Miguel, Teresa, and Juan know each other well. Silvia meets Teresa and Juan for the first time in the video segment.

Capítulo 8

A. 1. e 2. a 3. b 4. d 5. f 6. d 7. b

B. 1. b 2. b 3. a

C. 1. un taxi 2. el metro 3. el 42
4. Cuatro Caminos 5. el Circular
6. la Avenida Américas 7. un
autobús directo 8. el Linares

D. 1. bus, subway, taxi 2. a bus
3. three

Capítulo 9

A. el Día de la Independencia, una
celebración con la familia, un baile,
una corrida, una comida especial con
amigos, una celebración del santo de
un pueblo

B. 1. a 2. d 3. b 4. c 5. b 6. a

C. 1. b 2. a

D. No. She has another invitation to
spend the weekend with friends in
Veracruz.

E. 1. b 2. a 3. b 4. b

Unidad 3

A. 1. a 2. a 3. a

B. plaza: 4, 6, 7 selva: 1, 2, 3, 5
playa: 8, 9, 10

C. 1. e 2. b 3. a 4. d 5. c

Capítulo 10

A. 1. b 2. a 3. b 4. b 5. a

B. 1. flores 2. gatos 3. biblioteca

C. 1. arroz 2. chicharitos 3. ensalada
4. vinagreta 5. nueces 6. piñón
7. crema 8. costeño 9. pastilla
10. ancho 11. cascabel 12. chile
molito X. frijoles, tortillas

Capítulo 11

A. 1. b 2. a 3. a 4. b

B. 1. e 2. i 3. f 4. g 5. j 6. c 7. h
8. k 9. d 10. a

C. 1. estación 2. línea 3. estación
4. línea 5. destinación

D. 1. by number 2. two

E. 1. at the ticket booth 2. Auditorio

Capítulo 12

A. 1. a 2. b 3. b 4. a 5. b

B. 1. g 2. e 3. f 4. h 5. a 6. b
7. c

C. 1. Quiere viajar a Madrid. 2. Quiere
salir el jueves. 3. Quiere viajar en el
AVE. 4. Quiere llegar a las diez,
aproximadamente. 5. Una persona
viaja. 6. Quiere la clase turista. 7.
Va a pagar con tarjeta de crédito.

D. 1. Thursday the 24th until Saturday
the 26th 2. 2 1/2 days 3. credit card

Unidad 4

A. 1. b 2. b 3. b

B. 1. té 2. matador 3. coches
4. océano 5. estacionamientos
6. televisión

C. 1. a 2. a 3. b 4. b 5. b 6. a
7. b

Capítulo 13

A. 3, 5, 1, 6, 2, 4, 7

C. 1. b, c, d, e 2. a, c, d 3. b, d, e 4. d

D. Adulto(a): 1, 4 Joven: 2, 3, 6, 8, 10
Niño(a): 5, 7, 9

Capítulo 14

A. 1. b 2. a 3. a 4. b 5. b 6. b

B. 6, 4, 5, 2, 1, 3

C. 1. Underline antiguamente 2. Put X
over **más** 3. Put box around **se
animan** 4. Circle **está cambiando**
5. Possible answer: José says coming
to the gym used to be a man's activity,
but times are changing and now more
women are coming.

D. 1. V 2. F 3. F 4. V 5. F 6. V
7. F

E. Possible answers: 1. para relajar,
adelgazar, mantenerse en forma
2. cada día, seis días por semana, la
mayoría de los días 3. dos horas,
aproximadamente 4. aeróbicos,
ejercicios, bicicleta, levantar pesos

Capítulo 15

A. 1. héroes 2. ligue 3. artes 4. personalidad 5. relación 6. habilidad
7. beneficio 8. deportistas

C. 1. d 2. a 3. b

D. la disciplina: 6 checks el gustar de
fútbol: 2 checks el honor: 1 check
named most often: la disciplina

E. 1. a 2. b 3. a 4. b 5. a

Unidad 5

A. 1. F 2. V 3. V 4. F

B. 7, 2, 4, 6, 1, 5, 3

C. 1. b 2. a 3. a 4. b 5. b 6. a

Capítulo 16

A. 1. centro comercial 2. tienda
3. variedad 4. A la Moda

C. Elena: 1, 2, 3, 4, 6, 7, 8 Daniel: 2, 4,
5, 9

D. Elena: 1, 2, 3, 5, 6, 7, 8, 10
Daniel: 4, 9

Capítulo 17

A. 1. ¿Me dice el precio por favor de ida y
vuelta? 2. En el AVE hay tres precios
distintos. 3. ¿El pago lo puedo hacer
con tarjeta?

B. 1. c 2. g 3. f 4. d 5. b 6. f 7. c
8. a 9. b 10. e

C. 1. 9.100 2. 12.800 3. 16.500
4. 840 5. 40 6. 50 7. 900
8. 1.000 Análisis: La palabra
pesetas indica que es España.

D. 1. $50 2. $200 3. $35

E. 1. a 2. a 3. b 4. b 5. a 6. a

Capítulo 18

A. 1. b 2. a 3. a

B. 1. blusa 2. abrigo 3. zapatos de
tacón 4. vestido 5. peor 6. moderno

C. prenda: 2, 3, 7, 8, 9 tela: 4, 5
color: 1, 6

D. 1. precious 2. other 3. colors
4. price 5. rich 6. perfect 7. to
combine 8. excellent

E. 1. b 2. b 3. a 4. b 5. a 6. b
7. b

F. 1. three: a blue skirt and suit jacket
and a red top 2. a boutique

Unidad 6

A. 1. b 2. a 3. b

B. 7, 3, 6, 1, 8, 4, 9, 2, 10, 5

C. 1. a 2. a 3. b 4. a 5. a 6. b
7. a